吴彤们

WU TONG'S
VIEWS

吴彤 著

作家出版社

序
远山近思

姚 谦

　　书写朋友的行为，应该来自于我双城生活的开始，因为身边的朋友有了变化。时而在同一个城市，时而有些距离，平日生活的近一半时间住到了另一座城市，四周大部分人都是不熟悉的人，也因此通过各种机缘巧合建立起了友谊。两个城市里的朋友们有着明显的差异，除了很明显的说话口音以外，还有很多只有通过长时间的相处与观察，才能看出的差异，这让我真的相信了"一方水土养一方人"的说法。于是，兴起了在专栏里书写自己朋友的念头。没想到，这样的书写也变成了一种主题，去年《相遇而已》结集出版了。

　　当《相遇而已》成书后，自己感觉是把时间打乱后横向地阅读了一遍，深深地感叹悠悠十年已过。幸好，朋友帮我记录了这段人生。如果十二年是一个回转，看看许多结识已久的朋友，彼此之间互动、感受浓薄都在渐进中有了变化。于是，很想重新书写这些朋友，看看相隔多年之后时间给了彼此的改变。

第一个念头，最想写的就是吴彤。

吴彤是我到北京之后认识的朋友中最特别的一位，最让我敬佩和吸引的原因，当然是他的音乐和才华，那是稀有与珍贵的。随着熟识以及有了许多的工作交集之后，我对他有着更多的认识与感想。这几年来在工作上，我适度地提供了过往工作的逻辑经验，关于那些建议，他始终以平和乐观的心态保持着尊重专业的态度，几乎所有的意见他都乐于思考，然后回馈接受与否。每次我深切地感受到他认真思考的热情，这真是一个真艺术家内在的与一般人最不相同的地方：开放的心灵、深刻的思考。然而与其他的真艺术家一样，吴彤也有着固执而坚强的灵魂，许多的喜恶总是很纯粹地刻在心里，这一点在他的身上也毫不遮掩。很多事情上的择善固执，像生物本能般地在吴彤身上特别明显，即使眼见是往辛苦的路上走去，甚至有可能白忙一场，每次见他做了决定，总还是兴高采烈地往自己想走的方向走去，从未后悔过。

在音乐上如此，在生活上也是如此。

这些年来，因为工作的机会与他有了频繁的沟通，一起面对一些事情的思考，我更深刻地感受他这两样性情的存在。他对每一次决定参加的演出，都如同人生第一次般珍惜，从演出前到演出后那样忘情地卖力，即使是一场小小的、短短的表演。因为所有参与演出的决定、标准都来自于演出内容，与他在艺术上的对照吸引着他决定参加与否。因此，他总是拒绝高的酬劳表象、炫丽的表演舞台，宁愿选择去一个学习营和学生交流，宁愿选择国外辛苦奔走、酬劳相对较低、与丝路各国音乐家交流的表演，而婉拒了可以立马名利双收的音乐竞唱节目。他乐于接受一个概念去挑战艺术上的进程，更胜于在绚丽的赞美与掌声下生活。

自然生命待他也不薄，给了他开阔的世界舞台和更深刻的艺术创作经验与挑战。我忘不了那年他在过境法国时，被怀疑非法过境而被突然拘留的那几天，我与助理天天等待着他唯一可以对外通话的机会，然后四处求援。每次通话他却出奇地镇定，这也让我更相信内心有着信仰的人其生命的重量。这次非一般的人生经验后，脱离险境激发他更多的创作灵感，关于人性、关于平等、关于轮回。类似的故事，也在他面对家族的危机时再次呈现出来，因为生命的重量不同，一切经历都化作思考并形成更优雅更动人的音乐创作。

这几年面对音乐竞赛节目，如"名利皇冠"般的门票摆在他的眼前。吴老师与我共商之后，几乎每次他都以支持但感谢之心而婉拒。吴彤老师总还期待着自己的音乐，能够反映更多真实思考的随心书写：真实地看待生命、真实地经历生命，所以才有真实的音乐与表演。今年年初邀请他为吴冠中老师创作的那首音乐《远山》，似乎也正对照着吴彤在艺术上的能量。

远山，一直在生活不近的距离，却可以缓缓地不断地感染人心。只要你的心愿意敞开，抬起头，远山伫立在心灵的不远处，与你对照着。那首音乐，至今仍是我案头最常播放的曲子。

我一直相信，吴彤的艺术生命能够超越有限的一辈子，他的作品将会超越时间的限制，我的想法也渐渐地遇见越来越多的共鸣。所有与我一样接触过吴彤的音乐或他本人之后，都安静地与我一样不声张地支持着他。

我相信，艺术上真诚与否的能量，终将会成为一股可以延续的力量，甚过——此时，卖弄着悲怆故事换取音乐理想的短暂审美！

自序

用自己的名字作书名，对我来说是有些不安的，因为这似乎有些自大的意味。我习惯于在舞台上绽放，却喜欢隐藏在生活中，静静地体会。对于名利，我懒，也不屑。因为我知道，在所有的结果后面，都是空虚。而真实的，是那每时每刻都可能让我感动的人和事，以及由此而激发出的想要创作与分享的热情。这让我感觉到自己还活着，而且是美好与快乐的。

那"吴彤们"又是从何而来呢？这是亦师亦友的姚谦先生的建议。这几年，他一直在默默支持我的艺术工作，可谓宽宏大量，任我在音乐的世界里肆意妄行。只有这一次，在我对书名犹豫不决时，他却始终坚持他的意见。细想起来，也确实如他所说，吴彤的"们"字，就是在大家眼中那些不同的我。作为摇滚歌手的

"我"，大家较为熟悉；演奏民乐的"我"，是我的过去抑或将来；跨界音乐的"我"，会不会以"自由"的名义最终成为我的另一种标签？而那个试图在现代生活中找到上古之美的；那个挣扎在爱与恨之间的；那每一个在苏醒后与入睡前麻木与彷徨的；所有那些你看不到的；我不敢说的"我"；哪一个才是真实的我呢？所以，也许只有这个看来陌生的"吴彤们"才是最接近真实的吧？这也并非是我个人的经历。它同样涉及专注与开放的命题，如同在一口深井和一片湖水之间的选择，也许两者你都不要，而是期待着更加深邃而宽广的——生命的海洋。

写这本书的初衷，是因为这些年总被问起来，现在我在做什么？出国了？转型了？回归了？其实此番种种，最终都涉及某一个目标。而每一个目标都需要随后的规划与执行，以及过程中的计算与经营。然而我却始终不以为然，所以从未大红大紫，也着实是自取其果。回头想想，除了 2000 年之后的几年里有些进取心之外，大多数时间我都在回避所谓的"成功"。而那些年带给我的在媒体上的高度曝光，却无时无刻不都伴随着浮躁和焦虑。这更使我坚定了不愿为成功所绑架的决心，而只是任由自己沉浸在一个又一个的作品里，以及感受从生活中拣取、酝酿、破土而出的创作过程。它们如树木，如花朵，扎根在我的人生道路上，无论未来是盛放还是凋零，都构成了这旅途中的风景，活生生的，一派天然！

目　录

五　PART FIVE　生　活　们

六 **PART SIX** 旅　　途　　们

WUTONG'S
· V · I · E · W · S ·

前事今笙

　　我出生在一个民乐世家，祖上从太爷起就从事制作和演奏中国民族管乐器，太爷传给爷爷，爷爷再传给父亲，父亲再传给我姐和我，这门手艺传了四代近百年。

　　我和笙缘分极深，五岁时就拿到了我人生中的第一攒笙——那是爷爷做的儿童笙，笙苗用湘妃竹，花纹素雅，非常精巧别致。以前父亲经常在家里教学生吹笙，我很好奇，便总在旁边看。这回我有了自己的小笙，心里别提多高兴了。虽然我才刚开始学笙，甚至还不能顺利吹奏音阶，但我总爱拿着它，像是最心爱的玩具。谁承想拿着笙容易，这后面等着我的，却是一个漫长无比、痛苦无比的磨炼过程。

　　小笙吹了不到半年，父亲就要为我换笙。因为那攒笙音量很弱，不利于日后的演出。小笙若是用得久了，长大后换乐器的时候，又需要很长的适应阶段，所以晚换不如早换，算是先苦后甜。我的第二攒笙是父亲做的，大小更接近成人使用的尺寸，笙苗用红木制成。七十年代红木的价格虽不像现在这样高，但也十分金贵，何况是父亲手工制作的——把坚硬的红木做成竹子一样的管，而且不歪不裂，这是真功夫，现在恐怕也很少有人能做到了。

考入音乐学院附小以后，学校为我配发了一攒笙，那是父亲的徒弟，时任民族乐器厂管乐车间主任的谢立如做的。从附小到大学毕业，我在音乐学院学习的十一年间，这攒笙一直陪着我。毕业的时候我舍不得它，但是原则上学校又不能出售乐器，于是我只好扯了一个谎，只说丢了，挂失后交过罚款，终于留下了这攒笙。

近年来，接触的音乐风格越来越多，从流行音乐到世界音乐，对乐器的要求也越来越多，我也不断地"改革"我的乐器：在户外的体育场演出时，舞台大，为了和观众更多地沟通，有时需要在舞台上频繁移动，而传统的立式麦克风会限制移动。所以，在进行了两年的试验之后，我发明了全半音的二十九簧电子笙。这笙不加扩音管，所以音色和外形看起来完全是传承原貌，但是接上预置在笙内的麦克风，就可以自如地在舞台上移动了——这一切，都仰仗吴氏管乐的师傅们和我姐姐的支持。

出生、成长在这样的家庭里，其一大好处就是不需要花钱去购置乐器，但不好的地方是，我似乎命中注定要为这件乐器付出极大的心血。小时候我痛恨这件乐器，因为练习几乎占去我本该游戏的所有快乐时光。考上音乐学院以后，父亲基本不再过问我练琴的事儿，可每逢假期，都要求我跟他学习制作乐器，因为"艺不压身"。一个好的制作师必须要会演奏，而一位好的演奏家不懂制作修理也是不行的。于是，我从清理工作台、递送工具开始，之后锯竹子、刻簧片，最后连车床电钻都能运用自如，以至我最终能用上自己制作的乐器。演奏着自己制作的乐器，心中充满了自豪，而且还有一种从无到有的创造的快乐——那段经历让我真正了解了自己手中的乐器，无论走到天涯海角，遇到什么意外，我总能将乐器发挥到最好的状态。直到现在，我偶尔都会想念木料的香气。

父亲去世后我发现，笙这件乐器，不仅是父亲留给我的一种在这个世界上安身立命的方式，同时还留下了太多我对父亲的记忆——他的训斥，他的惩罚，还有极少的几次欣慰的微笑……于是，当我再演奏这件乐器的时候，我会觉得，他就在天上看着我，冲着我笑。每次遇到困难，想要偷懒的时候，脑海中又会浮现出父亲坚定的面容。或许，是因为加入了我和父亲之间那源于骨血的思念，我感到对这件乐器又多了一份感情。这是一种看似平淡，却又无法割舍的默契。

直到今年，我已经和笙结缘三十九个年头，对它的感情也是由恨到爱，慢慢变化着。开蒙的时候，有太多问题需要解决，技术、风格、表情，一关接着一关。感谢恩师杨守成先生，牵着我一步一步走了过来。长大后，我又想着怎么玩出点儿新花样，于是又在摇滚、流行和世界民族音乐中打滚，这让我有了更宽阔的音乐视野，也结交了更多的朋友。

可是最近几年，我突然发现，我才刚刚开始认识这件乐

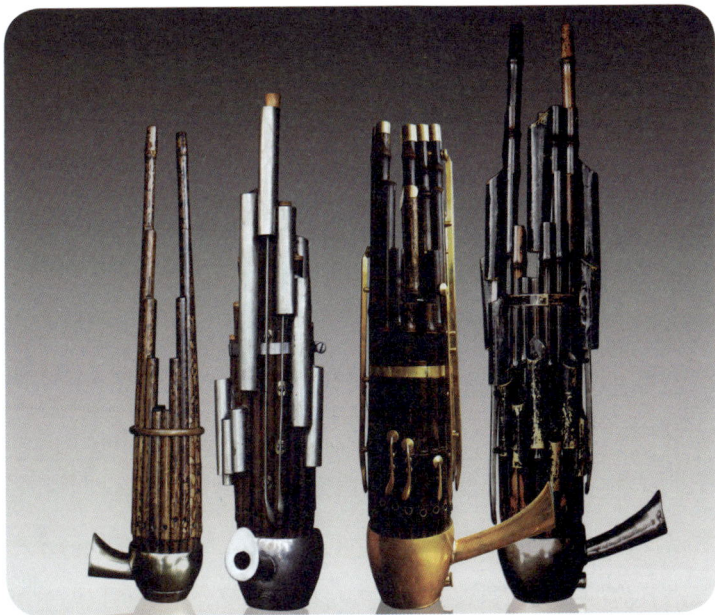

我用过的四攒笙（爷爷做的、父亲做的、师哥做的、姐姐做的）

器——是我从来不曾知道的一面，是来自于我们祖先，早已失落在不断更迭的历史洪流中的精神遗产。回望笙的历史，几乎和中华民族的文化命运休戚相关。从齐宣王三百笙竽的旷世绝响，到魏晋时期《笙赋》里依稀浮现的礼乐光芒，怎奈何竽在大唐盛世黯然退场，只留下一攒玉笙在南唐的宫阙里优雅而神伤。在随后那些风雨飘摇的岁月里，笙箫寂寞，无以言说……或许，只有这片金清玉振的小小笙簧和那几管刚直劲节的紫竹笙苗，还能带给我们些许关于那个黄金时代的想象。

前些年，我一心歌唱，疏于笙管，深知对它的专注不够，荒废了许多光阴。究其缘由，一方面是流行音乐更有时代感，接近生活的歌词能得到更多共鸣，满足了存在感；另一方面，也因为笙的作品匮乏，那寥寥几本曲集中，今人的作品十之有九，而具有生动的传统气韵的作品，更是少之又少。

或许是命运的安排，我读到了几篇关于《笙赋》的研究，我突然发现，笙原本不是这个样子，自从它诞生的那一天起，就承载了祖先的智慧与真诚的祝福。只是在沧海桑田、世事更迭中，我们失去的太多太久，以至于再也看不清它最初的模样。于是沿着这条模糊的线索，我在网络上、在故纸堆中不断寻找。我发现自己其实并不孤独，因为在这条路上早已有几位前辈在摸索着前行——真要感谢他们的付出和分享，让我可以对这朝夕相伴的知己，又有了一层新的领悟。更均匀的呼吸，更缓慢的速度，在精细绵长的气韵中，让灵魂得到安抚。在这更高更快的时代里，笙是一份来自远古的礼物，是另一种勇敢和从容的态度。

此时，我抬起头，看看窗外六月的天空，雾霾消散了，今年的北京，好像又多了几个晴朗的日子。下半年还要再做几个关于笙的讲座，希望可以增加一些新的内容。姚老师昨天打来电话，建议年底出版一张笙的专辑，最好和歌曲专辑一起出版，可作品还不够。春天的时候，王导（王家卫）邀请我，为大都会博物馆创作一组小品《镜花水月·四季》——那是只用一攒笙，几次加倍录音完成的组曲——我很喜欢，希望可以收录到专辑里。但又想改编成笙的五重奏，以便在未来，别人也方便演奏……

我幻想着可以在户外录音，地点最好在天坛的圜丘。如果白天人多，就在子时午时，月华入水，清风徐徐，忙碌的城市终于放慢了脚步，静静地，静静地，听……

笙赋四谛

　　中国传统文化崇尚"天人合一"，这是一种通过效法自然，从而达到一种人与环境和谐共生的理想状态。农耕文明时代的先民们，在很早以前就知道春生夏长、秋收冬藏的规律，"顺天应时"即可与天地自然和谐共处——这种自然主义的思想不但用于日常耕作，也涉及军事、医学、祭祀等诸多方面，其中自然也包括音乐。

　　中国从周代以来一直使用农历，即一年从正月开始，经过十二个月后再开始新的一年，这十二个月也对应音乐的十二律吕。东汉《白虎通》记载："笙者，太簇之气也，象万物之生，故曰笙。"什么是"太簇"之气？一直以来，我演奏的笙都是 D 调，而 D 是西方音乐对一个音高的叫法，这个音在中国的十二律中就叫作"太簇"。而在十二律对应十二个月的理论中，"太簇"又恰恰对应了正月。我习笙多年，每每遇到五线谱的时候都会暗想，为什么这个乐器是 D 调？要是 C 调该多好？就不用费力地移调了。然而，将 D 调对应"太簇"一想就明白了，这是为了相合于自然界的生发之气——正月之际，一阳始生，万物复苏，在那和谐清越的笙音里，有我们祖先对天地间万物共生的愿望，这是一种极为深沉的表达。

太多问题吸引着我，我尝试着背对现实往回摸索，想看看笙这种乐器，在历史的面纱后最本初的样子。于是，在古籍的只言片语里，在历代的诗词歌赋中，我试图连接和勾勒，像蜘蛛修补着一张破碎的网——这不是学习，更像是唤醒。和笙有关的很多文字，虽是第一次见到，但并不陌生，只因为那些对笙音的赞美里，充满了对人性的追求。

就这样，我慢慢领悟到笙在古代所包含的四种精神——"和""德""清""正"。

四谛之"和"

"和"是一个古老而博大的美学范畴，也是笙的前身。在甲骨文殷商时期，"龢"字就已经出现了，左边表示形，就如同笙的样子，右边的"禾"字表示读音。可见古人的"和"字，并不是一个单纯的符号，而是取象于笙这件和谐共鸣的乐器。我惊讶地发现，在这件我熟悉了四十年的可以亲手制作的乐器里，原来还有这样美好的含义。

从笙的形制上来看，几乎是自然界万物生长的一个缩影。史籍《世本》中这样写道："笙，生也，象物贯地而生。"作为乐器的"笙"，是个通假字，通"生长"的"生"，有万物生发的意思。从笙的物理结构来看，下面是笙斗，上面是笙苗，笙斗里面是发音的簧片，被安装在笙苗的根部——笙斗就像大地，簧片像种子，那笙苗呢？顾名思义，就是生长出来的万物。这也是祖先对音乐的态度，充满着效法自然的智慧。当我们演奏笙的时候，一呼一吸好似一阴一阳，与《道德经》"万物负阴而抱阳，冲气以为和"的论述，殊途同归。这也说明了笙与作为中国传统文化核心的道家文化"天人合一"观念的同一性。

庄子《齐物论》中讲到了"地籁""人籁""天籁"三位一体的和谐观念，而这"籁"字也是笙的名字。东汉许慎《说文解字》中说："籁，三孔龠也，大者谓之笙"。在《齐物论》中，关于"地籁"的描述，大概是这样的："当风吹过大地，使得大树上的窍穴、高低起伏的山冈等人间的造化万孔怒号，风在前面吹，孔窍在后面和。风大则和声大，风小则和声小。当风吹过之后，所有的孔窍，又归于一片寂寥。"这难道不像天地间的一曲笙歌吗？从笙的发音原理来看，气振簧鸣，气停音止——这个可以演奏多声部复调和声的乐器，恰恰蕴藏着天地间万物欢歌的含义。

"和"的另一种特性是圆融，笙在乐团里也恰恰起到了这样的作用。三千年来，无论在夏商周祭祀仪礼的庙堂上，抑或在近代的地方戏曲、民间社火中，甚至在现代化的民族乐团编制里，都离不开笙。只因笙可以中和那些个性鲜明的民族乐器，如唢呐、二胡、琵琶、三弦等等。这些乐器独奏的时候，往往能给人留下深刻的印象，但在合奏的时候，若个性过分夸张，反而让彼此间无法交融。但只要有笙，这种问题就能得到一定程度的缓解。因为笙有一种特性，叫传统和声——每一个音，都用两个以上的音组合起来演奏。这种多音组成的传统和声具有很宽的泛音频谱，可以补偿合奏中缺失的频段，让音乐听起来更加丰满圆融。

四谛之"德"

笙的第二种精神是"德"。"德"原本是形容人的品德，怎么会跟笙的精神连在一起呢？这还得从我对笙的一个误会说起。

在很长一段时间里，我觉得自己好像学错了乐器，因为我发现，笙根本不能表达那种厚重浓烈的感情。在轮回乐队担任主唱时，只要电吉他一插上音箱，接上效果器，那声波如排山倒海一般势不可当，让你冲动、亢奋、血脉贲张。即便是不插电的传统声学乐器，如小提琴、二胡等，那百转千回的滑音和颤音也能让音乐如歌如泣，使你为之动容。还有那琵琶的娇柔婉转，唢呐的高亢嘹亮，鼓的振奋雄浑……所有这些音乐表达对于笙来说，都是望尘莫及的。笙是簧片乐器，这种发音原理，先天就已决定了它的局限性。上帝在关上一扇门的时候，也会打开一扇窗。那么，留给笙的那扇窗又在哪儿？笙音的特点又是什么？难道真像别人说的那样，"没有性格就是它的性格"？这一切一切的疑问，在读了晋朝潘岳的《笙赋》之后，我想我找到了答案。

《笙赋》是一篇专门为笙而写的赋，形容笙的音色是"直而不居，曲而不兆，疏音简节，乐不及妙"。意思就是说，笙所奏出的音乐虽然直接但不僵硬，可以委婉但决不谄媚妖娆，这种疏朗简洁的艺术魅力，是其他乐器所无法比拟的——这倒让我联想到《论语》里"乐而不淫，哀而不伤"的节制之美。笙的音乐，的确给我们带来了一种优雅而节制的美，而这种美，恰恰是符合庙堂之气与君子之义的绝佳表现：喜不必得意忘形，悲不必哭天抢地。无论快乐还是忧伤，中国古代士大夫阶层都习惯用一种有节制的优雅姿态来抒发内心的感情。如这种细腻而深刻的处置，或许就是我们祖先面对无常的人生际遇时的一种淡定和从容。

这样的发现，对于我来说，无疑是一种震撼。我好像真的找到了那一扇窗，即便只是透过紧闭的窗棂，自窄缝间匆匆一瞥，而那仿佛触手可及的精神世界，足以让我沉浸在如同发现新大陆一般的狂喜之中。我突然意识到，我手中的这件乐器是这样崇高而优雅，好像一座无形的桥，连接着现在和过去，引领我走向前人创造的那种崇尚素朴简约的精神高地。

四谛之"清"

笙的第三种境界是"清"。"清"是中国独有的一个音乐美学概念，清朝《灵芬馆词话》里形容姜白石的词如"瘦石孤花，清笙幽磬"，而在唐代《游春台诗》中亦有"凤凰三十六，碧天高太清"。这里的凤凰，指的就是笙。笙有很多名字，包括凤笙、凤吹、唤凤等等——可是，这一曲清笙又是如何与凤凰、神仙联系在一起的呢？要弄清这些，就要回溯到两千年前笙的黄金时代。

笙的这段灿烂历史，发生在先秦，时间正好重叠于世界文明史中的轴心时代。当时笙作为礼乐重器，在庙堂和民间广泛地流行着。就连主张"非乐"的墨子，也在拜见荆王的时候"锦衣吹笙"。春秋战国时期的笙家不胜枚举，各种传说也多，最著名的自然是王子乔吹笙的故事。王子乔又名王子晋，是周灵王的儿子。东汉的蔡邕、唐代的武则天都曾立碑纪念过他，而茅山道宗陶弘景撰写的《真灵位业图》中，王子乔更是位列仙班，甚至远在老聃之前。王子乔不但善于吹笙，而且演奏时还能引来天上的凤凰，随着音乐翩翩起舞。今天嵩山太室中峰下的"白鹤观"，相传就是王子晋修真的地方。如果你到了少林寺，一定要去看看山门外，在西石坊上的一副对联。那也是关于王子乔的记载："心传古洞，严冬雪拥神光膝；面接嵩峰，静夜风闻子晋笙。"中间的横额刻的是"大乘胜境"。

我们不必深究这个传说的真实性，甚至可以不管为什么一位道家修炼者，却在禅宗祖庭与二祖神光同居尊位，只要想一

国家大剧院讲座《艺术无界限》（2013年）

想，在月华如水的静夜里，在层峦叠嶂的群山中，偶有一曲清越的笙音随风飘来，这难道不是一种萦绕人间的"大乘胜境"吗？在很多影视作品的配乐中，只要一出现笙的音色，很容易给我们带来一种缥缈超然的感觉——全世界有那么多簧片乐器，为什么只有笙，和神鸟、仙人联系得这样紧密？要想揭开这个秘密，就要说一说，笙簧上的一层薄薄的石绿。

簧片是用黄铜制成的，吹笙的时候，气流在寒冷环境下会产生少量湿气并附着在簧片上，时间久了簧片会生锈，若不及时处理，会导致簧舌被锈住以致不能发音。为了解决这个问题，我们的祖先发明了一种方法：在一块铜板上，用五音石加水反复研磨，直到磨出一种绿色的浆，再把这种化学成分非常接近天然铜锈的绿浆涂抹在簧片上。因为有了这层天然铜绿的保护，簧片就再也不会生锈了。不仅如此，这层铜绿还会密合簧舌与簧框之间的缝隙，从而减少气息的流失，使演奏更加省力。更神奇的是，这层石绿还让笙的音色发生了很大改变，变得更加空灵、清越，像在每个音符上面涂抹出一道绮丽的彩虹。

这种神奇的变化是如何形成的？以一个标准音"A"的簧片为例：每一秒钟，它的振动频率是 440 次，也就是我们常说的 440 赫兹。而更重要的是，当簧片振动时，也带动了这层薄薄的石绿，让石绿当中细小的分子颗粒产生了摩擦。经过测试，涂抹过石绿的簧片发音时，音频中 4000 到 12000 赫兹之间泛音的振幅明显加大，再经过笙斗、笙苗的放大共鸣，最终使笙的音色变成一种独具特色的美——既不像口琴那般孤独，也不像风琴那种浪漫，而是一种非常清朗空灵的"金石之音"。

四谛之"正"

"正"是笙的第四种精神。从《周礼》中我们得知，笙师原是一个官名，负责总管教习其他管乐器，并以其音准稳定、律音相和的特性，被誉为"五音之长"。到了近代，无论小型民族乐队，还是大型民族管弦乐团，无一例外都由笙来校定音准。这正是因为笙的音准相对稳定的缘故——所谓相对稳定，是指一旦将笙音校准之后，不会因为演奏者的水平而影响音准，并且可以在短则三五天、长则一个月的时间内，不会发生走音的现象。

笙的校音工作，我们称之为"点簧"，是指通过增减簧舌上面朱砂蜡的重量来调节音准的过程，蜡多了音就会低，反之则升高。这是一项非常细密的工作，一定要专心致志、全神贯注才能做好。小小的簧舌只有几毫米宽，上面的蜡头只有芝麻大小，调节时既不能将蜡黏住簧缝，还得考虑到吹吸时气息的强度和音准的变化。

如果说，世界上没有绝对的真理，那么，点簧就是个例证——因为点簧的依据是律制，所谓律制，是一种规定和计算音阶中各个音的精确高度的数学方法。世界上有很多种不同的律制标准，比如中国的五度相生律和纯律，西方的十二平均律等等。而每种音律都有它的优势，但没有一种是绝对完美的。因此，从理论上讲，对于校音点簧这件事，要达到绝对完美是不可能的。但是，如何才能接近完美呢？为了达到最好的音准，点簧时既要按照中国传统的五度相生律，还要配合十二平均律的校音方法。在校音时，要进入一种极为平静的状态，观察音与音之间是否相和，簧片在呼与吸之间是否平衡，要在细微到一两个音分的差别间进行调和（每两个半音之间是一百个音分的距离），从而找到一种最大限度的和谐——这样一攒笙调下来，通常要几个小时。

我发现，这不但是校正音准的过程，也是一个正心调性的修炼。经过和笙这样深度的沟通和交流之后，人与笙之间的距离更近，甚至达到一种合而为一的状态。发声灵敏、音准和谐的乐器，有助于我进入深度表达的状态。那时候，几乎可以忽略技术环节，心无挂碍，人器合一，只听到那"中正平和"的笙音，带着我深深的向往飘散到无边的天际。

这就是"和""德""清""正"——有关笙的四种精神。

我想，这不但是祖先留给我们的精神财富，也是中国的上古先民，对人类文明的伟大贡献。

WUTONG'S
· V I E W S ·

人笙悲喜

　　如今的生活节奏越来越快，快到一呼一吸之间就能冒出无数个念头、主意、想法，快到几乎没有了真正的生活。人的各种感官也开始慢慢变钝，变得麻木，然而却索求更多、更快、更刺激，连饮食的口味也不再是真正的五味调和，而是嗜麻辣鲜香，并且口味越来越重……现代人面对这一切，都像是永远处于一种饥饿状态，无论食物的分量、工作的数量，还是财富的积累——也许，这里面包含了人生的理想、奋斗的目标，但太过追求极端，终究还是不好。

　　大家都是红尘中的过客，希望在这短短三万天内实现自己的价值也无可厚非，然而人生际遇总有潮起潮落，逆境时如何才能使自己不消沉、不愤恨，顺境时又该如何冷静客观，避免妄自尊大，着实是一个难题。中国人其实很幸运，几千年来祖先们留下的很多智慧经典，就非常适用于如何平复高低、中和悲喜，所谓"行到水穷处，坐看云起时"。周遭的人、事、物总在不断变化，随着时间变化一切都将改变，只有察觉到这种无处不在的变化与无常，我们才可能从容不迫地生活，才能在万丈红尘中依旧留住一颗初心——这种悠然自如，挣脱物欲羁绊后的人生洒脱状态，若用音乐语言表现出来，似乎非笙不可。

早在先秦时期，《诗经》中就有很多关于笙的记载，如"呦呦鹿鸣，食野之苹。我有嘉宾，鼓瑟吹笙"。古代的君王在宴请群臣时，专门安排了笙的演奏，大家都很欢乐。然而，就是在这样一种盛大且欢乐的氛围里，君

《观无量寿经变》中的乐天吹笙
（敦煌榆林窟第 25 窟南壁）

王却选择了笙：他所需要的宴客音乐，并不是锣鼓喧天的咚咚锵——那种震天动地的音响，其实并不为贵族阶层所喜欢。他们喜欢且崇尚的，是笙这样一种非常有节制的、清雅的、悠扬的、单纯的、洁净的乐音，甚至略带一种淡淡的、伤感的、出离的味道。我们很难想象，在如此一种雅致的音乐氛围内，嘉宾和群臣会大嚷大嚼或者烂醉如泥，这也太失礼了，对不起"我有嘉宾"这四个字。我猜，这次宴会一定是悠然且清雅的过程。笙与瑟慢慢演奏，大家亲切交谈，行礼祝酒，最后宾主皆欢，尽兴而去……如此有节制的欢愉，才深得笙"疏音简节"的妙处。

笙的快乐喜悦，只是如此淡然，而笙的忧伤苦楚，在历史上也有著名的例子。南唐时期前后有三位君主，中主李璟倒是笙的知己，曾经写过"细雨梦回鸡塞远，小楼吹彻玉笙寒"。而他也因这一句"玉笙寒"而得了千古词名。词是好词，可当时的南唐已不再是盛世繁华景象，而是在内忧外患中偏安一隅，紧张危急、焦虑不安充斥着南唐的每一片天空。作为江河日下的南唐皇帝，李璟不是悲痛欲绝，也不是哭天抢地，而是选择用彻夜演奏玉笙，来表达对故国家园的思念：在下雨的时候，我想起故乡的样子。夜已深，我只是一个人吹着彻骨般冰凉的笙，如此而已！——这是怎样的一种抒情方式？这是一种有节制的表达，不是哭天抢地，不是愤怒，不是不能遏制的嘶吼，因为笙的悲伤也是这样淡淡的，带着几分无奈，几分优雅。

现代的人，喜欢了就要乐死，难过了就要哭死。如果让他们选择音乐表达，或许他们会用更强更烈、更多矛盾冲突、更快的节奏、更刺激的音响音色来表达欢乐的嗨、悲伤的丧。一味极端，这会不会就是《道德经》里所讲的"五色令人目盲，五音令人耳聋"呢？

笙是一种状态，也是一种精神，更是一种高度：它永远中正，循规蹈矩，它也永远平和，淡喜淡悲。在诸多乐器齐奏时，笙不但不会随波逐流，而且还能将其他乐音中和起来，成为圆融和谐的一曲——笙是近于仙道的乐器，太多神仙故事和笙有关：

唐代《宫乐图》中的笙与日常生活场景

无论王子乔吹笙引凤，还是弄玉和萧史升仙的故事，笙总是带着一种清雅和空灵的神秘色彩。而这种清雅和空灵，总会让我们联想起那样一种天高云淡，一种天地之间的逍遥自由生活。

我时常想，笙师法于天地，人若能师法于笙，自然明心见性，哪里还会有什么人生的彷徨与迷失？一攒笙，其实是个范本，勾画出了一个最完美的人生模样。

■ W ■ U ■ T ■ O ■ N ■ G ■ 'S ■
· V · I · E · W · S ·

滥竽充数

　　说到滥竽充数，大家的脑海里总会出现动画片里的情节：南郭先生隐藏在乐师队伍中，畏首畏尾、装模作样地吹着竽。而他吹竽的时候，竽管里的黄豆还上下起伏着，刚吹出来，又掉进去，看起来很好玩。我曾经做过一个小实验，我把黄豆放到笙苗里，发现黄豆是完全吹不出来的。因为它不是正圆形，而笙苗的内腔也不是正圆形的，所以，它们之间不可能百分之百贴合，气息总是会透过缝隙冲出来，所以，南郭先生想用黄豆堵竽的声音，其实是无法做到的。由于气息无法被堵住，黄豆也不会被吹出竽外，所以，不会造成那么大的一个笑料。

　　竽，其实说的也是笙——早在周代，竽和笙是同一种类型的两种乐器。《周礼·笙师》中有"竽三十六簧，笙十七簧"

的记载，在随后的岁月中，笙簧的数量有所增加，而竽簧的数量又有所渐少，这样一来，竽和笙的差距就越来越模糊。到了隋唐时期，竽只用于宫廷雅乐当中，而宋以后，竽就已经完全消失了。虽然竽消失了，但"滥竽充数"这个成语却是妇孺皆知。有的时候，我也如此戏称自己，签名的时候，我会签上"滥竽吴"，谁让我和这个"滥竽充数"里的笙，走得这么近呢！但其实，我也渐渐发现，"滥竽充数"除了告诉我们不应该以次充好，不应该不诚实以外，它还说明了另外一些道理。

如果说，春秋战国是中国传统文化的黄金时代，那么，齐宣王所组织的三百人的吹竽方阵，则是极为罕见的音乐场面。一个竽或者一个笙，就已经可以做到对自然界天籁的一种模仿，我们很难想象这样和谐的乐器有三百个一起演奏，那得是一个多么宏大和谐的音响效果？老实说，我并不喜欢所谓形式上的宏大表达或是人海战术，但是单就笙这种乐器来讲，它恐怕是全世界为数不多的非常适合集体演奏的乐器，这也是为什么在中国的大江南北，从乡野到庙堂，随处都可以看到笙的影子的原因——因为笙的个性不是那么鲜明，它和谐共振的特点使它成为一个非常好的音乐合作者。

如果说，齐愍王是一个更关心独奏的音乐发烧友，那么，齐宣王给我们创造的，就是一个宏大的音响世界。他是一个超级音乐发烧友，他的三百吹竽方阵，恐怕也是中国音乐史上一个空前绝后的绝响。齐宣王具备了相当高的审美能力，我们暂且不提他创办稷下学宫这样奠定了百家争鸣的学术机构，单说他选择笙或者竽这种乐器，作为三百人共同演奏的乐器，就说明他非常懂得音乐语言。

2008 年奥运会的时候有一则新闻，说让 2008 个演员在一起击缶，是一件非常艰巨的任务，因为打击的节奏很难整齐划一。可早在两千年前，齐宣王就早已经解决了这个问题：那时候没有高科技，没有话筒，没有耳机，没有遥控，但他可以让三百人、三百件乐器一起演出且整齐划一，产生宏大的音响效果，就是因为齐宣王选择了笙，而不是缶。大家都知道，打击乐器是靠击打发音的，而击打一定有音头，这个音头如果是两千多人在一起，要想打齐，比登天都难。但是笙，它本身的发音原理是可以很弱地进入，很弱地出来，所谓"无始无终，恒久绵长"。这样的发音特质，就变成了三百人在一起演奏时，可以一呼百应，一唱众和，让音乐可以在和缓的状态下，娓娓道来。

因为继承了唐朝的宴乐传统，所以在日本的雅乐当中，还保留了一种叫作"运指法"的笙的演奏方法，它的每一个和音由数个单音构成。在每个和音的转化过程当中，不是由这几个单音同时转成另外几个单音，而是将单音依次渐变地发展到另外一个音上去。所以，这样的音很容易达到一种舒缓而绵长的效果。

　　由此，我们可以推想，在齐宣王的宫廷音乐当中，所谓2008 年的击缶不齐的困难，是从来就不曾发生的——因为他们选择的，是中国的笙。

WUTONG'S
· V I E W S ·

传承之路

民乐如何传承、发展乃至创新，一直都是难题，而且是三个连环相扣的难题：没传承好如何谈发展？发展得不好如何谈创新？所以说，传承是一切的基础，关键的关键。

早在二十世纪八十年代，有关部门就提出了"振兴民乐"的口号，三十多年来也着实做了一些事情：政府开始拨款，扶持那些民族音乐团体，同时在很多中小学设立少年民族乐团，那些通过乐器考级的学生也得到了入学加分的实惠——这一切的一切，其实都是为了让年轻人更多地了解民族乐器。其初衷的确无可厚非，但孩子们是真的喜欢乐器，还是由于加分政策的吸引而急功近利，终究不得而知。我只知道，音乐是真诚的情感表达，是可以相伴一生的朋友。若不是出于挚爱而学习乐器，会不会在孩子们的心中过早地埋下虚伪和功利的种子？艺术能给生活带来灵性的滋养，让我们的人生变得充实，变得自由，变得空灵，但如果一切都出于功利的目的，所有这一切都将不复存在。我们是不是应该自问一下：振兴民乐是为了什么？而那些被振兴的又是什么呢？

教育中充满功利色彩已使人头疼，而社会上的盲从跟风与从业者的贪欲，也让传统文化的发展令人担忧——近年来，"国学热"热过了头，以古琴为代表的民族乐器，在传统文化的掩映下得到了飞速发展：各地琴馆如雨后春笋般出现于闹市街头，

年轻的和古老的

大有连锁经营、打包上市的气象，斫琴的多，教琴的多，学琴的也多……空前的盛况给人一种错觉，难道伟大的民族音乐文化真的要复兴了？我实在不敢苟同。看看那些粗糙拙劣的集体化教学模式，看看那一张古琴动辄就上百万元的虚高价格，这种现象不禁使我怀疑，这是在传承民族文化，还是在借机敛财？挣钱当然重要，但应取之有道，与其借着全民激情的"国学崇拜"而"横征暴敛"，我更尊敬一分耕耘一分收获的家政阿姨——这是业界良心。

或许这些话说得太远，早与笙事无关，我也曾问自己：会不会有些同行间拈酸吃醋的意思？可平心而论，我说这些话只是希望全社会自上而下的内心渴望，不要被虚张声势的文化泡沫所蒙蔽；不要让年轻一代忘记艺术那"真善美"的本质，而在浮夸功利的模式里失去了天真；更不要让那本已飘零落寞、所剩不多的古代精神，最终淹没在这名与利的旋涡里。

无论从事民族音乐、流行音乐，还是严肃音乐，总有一些自学者（类似流行音乐的自学人数就非常多）的表现十分令人惊讶：他们也许并非科班出身，也没有接受过严格的基础乐理训练，但音乐在他们生活中的参与度，以及他们在音乐中所能享受到的乐趣，我觉得会非常高。为什么？其实答案也很简单，因为他们从心底里喜欢，并且从音乐中体会到了快乐。"知之者不如好之者，好之者不如乐之者。"只有真心喜欢音乐，才

Name: Kevin Williams   Date: December 4, 2012

I know that the ___sheng___ is a ___Woodwind___
because you How air through reed pipes.
_____ X

美国孩子们填写的关于笙的问卷

能在这条道路上不断前进。沿途风景美妙，怎么会失去兴趣？应该时时刻刻充满了创作的热情才对。

在传统音乐的教育和传承上，这绝对是一个很值得重视的关键所在：当我们在教学时，应该更多考虑告诉学生，他们为什么要演奏这个乐器，而不仅仅是教授他们如何去演奏这个乐器——如何演奏是技术层面的事情，技术需要苦练，一天一个技术难关地苦苦闯过来，学生应该会有一个不错的演奏水平。但如果仅仅是这样，那么乐器很可能只是他的一个谋生手段，在他的内心深处，未必真的喜欢这件乐器。我很难想象，一个缺乏内心激情和冲动的演奏者能够演奏好某种乐器，如果拿起乐器他心中没有挚爱而只有"挣钱谋生""不得已而为之"的想法，那真是一个悲剧。拿起乐器演奏曲目，原本应该是最快乐的时光——如何达到这个状态，其实有赖于传统音乐教育者的兴趣引导，或者说兴趣教育：在单纯的技术、乐理、音乐风格之外，我们可以和学生分享一些艺术与文化的魅力，让他们真正意识到"这是我生活中需要的""这是我真正发自内心喜欢的"，那么，再艰辛再痛苦的练习过程，都将轻描淡写，一笑而过。毕竟是为自己喜欢的事情去付出，"自讨苦吃"也是心甘情愿的，这就是兴趣所带来的无可估量的影响。当然，学生有兴趣有热情，也得有好的曲子让学生学。如何让年轻一代充满好奇，渴望去学这件乐器，我觉得最重要的，还是得有好

在波士顿和孩子们快乐分享（2012 年）

的作品：一首好的曲子让人着迷，让人不由自主地生出无限向往，
能让学生在演奏这件乐器时如痴如醉，而听到这个曲子的朋友

也会说："这么好听的曲子你都会演奏，真是厉害！"这就需要我们为年轻的学习者创造真正适合他们的作品。

为了使传统乐器得到真正发展，演奏者应该面对世界，无论现代音乐还是古典音乐，或者流行音乐甚至摇滚乐，要让乐器呈现出无限的可能性。记得我在美国和 Sandeep Das 有过一次笙与印度鼓的即兴演出，大家都觉得别开生面。而我觉得，笙这件古老的东方乐器，其实完全可以演奏非常现代的节奏，也非常适合现在快速的生活。它有表达现代音乐的能力，它可以给传统音乐注入现代音乐的基因。但同时我们也应该想到，在三千多年的笙的历史中，它所带给我们的音乐境界、精神高度，我们又继承了多少？它曾经带给我们的那种"和德清正"，那种有节制的表达，那种优雅内敛的君子风范，我们在现代作品当中又表达了多少？这些都太值得我们去深思，去扪心自问。

在被忽略了千年之后的今天，古老的笙，应该再次被关注——无论是对现代音乐语言的丰富，还是对现代人浮夸心绪的一种安抚，笙的意义都是非凡的。在许鞍华导演的《黄金时代》中，笙作为主奏的乐器出现其中，它并不是用情绪冲突、音响变化非常强烈的电影语言，而是用笙这样一个非常内敛的、含蓄的情绪来述说，这是我始料未及的：当萧红在船上奔赴延安的时候，本应照例出现革命影片里的"激情澎湃"的旋律。当它被笙那种"润物细无声"的音乐所代替——那种细腻的表达，倒让那种所谓"高大全"的音乐表达自惭形秽了。萧红那一代的革命激情，完全可以用这种充满细腻思考的优雅旋律来展现。

再进一步说，如果笙的音乐可以表达一种超越时代的，所谓"没有风格"的一种风格，可以让现代人感觉到如今的生活过于快速和粗钝。而在笙的启发下，现代人的生活与品位可以变得更加细腻、更加高雅，那么，笙音在现实生活中的作用将更加明显。传统民乐应该如何振兴？其实也是一样，需要找到它在现实生活中的价值，一个与现代生活接轨的可能性，而不是空洞膜拜与故步自封——这是一切民乐生存、传承、发展乃至创新的先决条件。我并不觉得，传统音乐演奏必须要正襟危坐、莫测高深、拒所有人于千里之外——音乐就是音乐，演奏就是演奏，何必夹杂一些无用的功利主义和对传统文化的过分膜拜？以至于把音乐变成了附庸风雅，把自己变成了孤家寡人。

好的音乐和好的演奏，应该是自然的、自信的、自如的、自在的，你的状态出来了，音乐也就出来了。《乐记》上讲："凡音之起，由人心生也。人心之动，物使之然也。"也就是说，在现实生活当中，你找到了一种想要表达的冲动的时候，用你手中的乐器表现出来，这就是音乐。

一切还是回归音乐本身，回归到真善美本身比较好。

笙生不息

　　在三千多年的历史中，笙变换过很多不同的名字：竽、和、巢、凤吹、凤鸣、采庸、云和、参差竹……在不同的时代，笙都在不断发展，随着一代又一代人的创造、发明、改革，从而呈现出不同的变化。

　　我父亲是北京民族乐器厂管乐车间的主任，所以，对于笙的研绿机的发明以及笙的键、扩音管的发明，都起到了很重要的作用。在从前，笙簧上抹的那一层绿，是需要人工去枯燥地研磨五音石来产生的，五音石很硬，研磨起来相当费时间。而父亲发明的研绿机，让机器不断带动五音石进行细腻的研磨，快速产生这种绿，解决了制笙过程中的一大麻烦，省下了很大的人工消耗。当父亲给传统的笙加上键和扩音管之后，笙就变成了加键扩音笙，从而使这件基本上以自然音节为主的乐器，扩充为十二个半音全部具备的一件十二平均律乐器。这让作曲家在创作作品的时候，可以不被音符调式所限制，演奏家可以演奏更多的现代流派或不同音乐风格的曲目。每一个时代，笙的改变都是应运而生的。新中国建立后，大型民族管弦乐团的建立需要更多笙的声部上的支持，所以，父亲参与发明了三十六簧高音加键笙，之后中音笙、次中音笙、低音笙，甚至倍低音笙也陆续得以发明——笙变成了一个高中低声部齐全的乐器。这对于民族音乐交响化的音响平衡来讲，是一个了不起的贡献，对于传统演奏来讲也是一种突破和创新。

到我这一代，其实对笙的发展也有一些突破：因为接触了流行音乐，也用笙尝试着演奏摇滚乐。我发现，笙还有另外一方面的可能性——它是难得的可以吹奏和弦的管乐器，而且可以在演奏和弦的同时，演奏复杂多变的节奏。这些都非常符合现代流行音乐的需求，所以在我的轮回乐队音乐生涯里，笙也是我在轮回乐队中一直使用的乐器。我不断地尝试着用笙演奏布鲁斯、摇滚，或者在乐队中即兴演奏。

然而，随着演奏舞台从传统的音乐厅和剧场，发展到了更大的体育馆这样露天的场面，在这样巨大的舞台上，笙如果仅仅用扩音管来扩声，显然是不够的。在之前演奏传统的笙曲时，人们会将一个立杆麦克风立在地上，演奏家站在原地不动，表演之后，人和麦克风同时撤下去。但是流行音乐，更需要的是舞台上的调度和与观众的互动，甚至是乐手之间即兴的表演，情绪高涨的时候甚至有可能会跳起来，甚至冲下台去，那么固定的立杆麦克风，显然会限制舞台上的表演。如何解决这个问题？如何解放舞台上固定笙的演奏模式？于是，我萌生了一个想法：在笙的内部，加上一个麦克风。2004 年，美国西门子公司通过丝绸之路乐团办公室，支持我对电子笙的开发。西门子公司每年都有一个支持亚洲作曲家的计划，而 2004 年他们选择了我。这个计划在原则上讲，只要写出一个作品就可以，而我希望用这个机会在电子笙上做一些努力。

　　于是，我用两个月的时间，在美国和中国两地做了电子笙的开发与尝试：在国内时，我和家族吴氏管乐的师傅们，共同尝试把麦克风装到笙的里面。而在美国时，我又将被改革过的笙，加入了最新的周边电子设备，比如效果器、话筒放大器、音乐循环器、脚踏板控制器，并应用这些周边设备和改革过的笙一起，创作了一个作品——《行走的云》。

　　但是，就在两个月的研究创作接近尾声，我即将要进行汇报演出的前夜，发生了那一件令我终身遗憾的事情，就是我和轮回乐队的最终分开。中国的音乐家接受演出的邀请，通常都是最多一个月，短则一周，甚至几天前才被通知有演出的邀约；而在西方国家，通常都是半年或一年。我和西门子公司的这次合作，早在半年之前就有约了，而当我人在国外的时候，轮回乐队接受了演出的邀请，可我当时不能违约回国加入他们。在几次沟通之后，轮回乐队认为，我们可能还是在音乐的偏重上面有问题，而我则单纯地认为，我不应该失信于人。所以，就在电子笙发布会的首演前夜，我经历了这样一次人生遭遇。

俗话说，福兮祸所伏，祸兮福所倚。上帝给你关上一扇门的同时，也为你开了一扇窗。其实，电子笙改革、发明之后，虽然已经有了国家专利，其实并没有达到我最终的目的。因为现在的电子笙，是在保留了传统笙的发音原理和音色特点的前提下加上了麦克风，可以使演奏家在舞台上灵活运动。但其实，电子的音色和笙本身的音色是混合出现的，而作为严格意义上的电子笙来讲，或许在未来可以发明一种乐器其本身是无声的，只是通过百分之百的电子设备发出的音色来表达乐声。我希望未来的电子笙，可以是纯粹意义上的电吉他的发音模式与发音方法——它有一个音箱，在音箱的下面有一个插线孔，接上电线以后，可以通过电线把吉他的音色转化到音箱或者效果器里面去。传统吉他的音箱是发音的，而电吉他则不同。电吉他本身只是一块木板，没有音箱，六根钢丝弦横铺在上面，当你演奏的时候，只不过是噼噼啪啪的钢丝震动声。但是它每一个弦音的震动，都会被弦枕上方的拾音器收集到，并将频率通过拾音器转化成电流，传送给效果器和音箱，所以，你听到的那些

在新泽西研发电子笙期间，与小提琴家托德雷诺合影

排山倒海、变化莫测、语言丰富、想象力丰富的电吉他音色，都是被电子化的。未来的电子笙，也应该可以达到这样的程度，表现出更纯粹的电子化声音。

作为一种举世罕见的和声管乐器，笙的演奏技巧，随着乐器制作技术的日新月异所带来的更多可能性，也应该有更多的挑战和创新。因为笙从诞生的那一天起，就注定是一个举世瞩目、复杂经历、与众不同、易简易繁的中国口风琴。我觉得笙具备演奏现代音乐的潜力，如果它像电吉他那样可以运用更多的音色效果的话，那么电子笙的未来一定是不可限量的。

律吕正笙

　　很多人问我，孩子初学乐器是不是应该买一个便宜的？我不这样认为。对于孩子来讲，每一次演奏的体验都非常重要。当你听到乐器演奏出美丽动听的旋律的同时，你应该考虑孩子和乐器沟通交流的时候，付出了多少？又得到了多少？这件乐器是不是可以让孩子得心应手？在他演奏这件乐器的时候又遇到了多少困难？我认为，乐器的专业品质远远要比便宜与否更重要——价格可以相对不那么昂贵，但乐器的品质决不能太低。

　　每一件乐器，都是有消耗的。任何一个专业的演奏家，无论演奏小提琴还是吉他，当他们打开琴盒开始演奏之前，一定要调弦——这是一个演奏家最基本的习惯。音必须要准，否则你演奏的技术再好，曲目再多，音不准一定是很难听且不能入耳的。有些乐器不是马上就能调的，比如说钢琴，在每一场音乐会之前，一定会有调律师在演出之前花几个小时去调音。而笙也一样，中国的笙是以和谐著称的，其中的每一个音几乎都要以"音分"为单位调整它的高度。所谓"音分"，这是一种音高的计算单位（每个半音音程分为一百个音分）。我们所说的标准音 A，是每秒钟振动 440 次，如果振动了 441 次，就意味着这个音偏高了。音和音之间和谐的标准，是根据不同音律的要求来决定的。全世界有不同的音律，中国的音乐是建立在纯律和五度相生律的基础上的。但是西方的音乐，会演奏很多三和弦、七和弦甚至九和弦。那么，其中就不单是五度的要求，

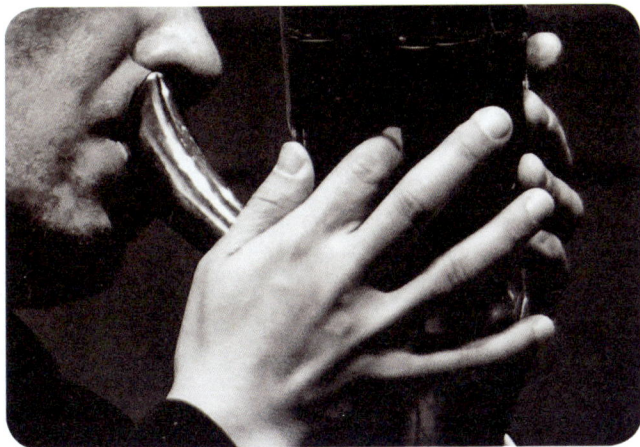

好乐器，才能得心应手。

它可能还有三度的要求、七度的要求、九度的要求，以及更多的要求。如果要兼顾的话，其中就要有妥协，就要有相对的平衡，这是一个非常细密的调律工作。

所以我在演出之前，都会花几个小时来调音，让原本已经非常精致的乐器能够得心应手，能够手到音出，而且是美妙的音。但是有时候，我看到一些学琴的孩子拿出来的乐器，其实是不能演奏的。乐器经过很长时间的演奏以后，音可能已经不准了，而且在你演奏的时候，可能声音的反应很慢。当你演奏下去，当你吹的气接触簧片以后，簧片可能会晚一点才发声，如此一来，你就失去了准确的节奏，让演奏的曲调听起来不太连贯，这就影响了音乐的表达，同时也让表达音乐的人感觉不舒服。作为一个学音乐的孩子，他可能并不清楚，这种不舒服其实是因为没有一个好的乐器造成的。如果有一个得心应手的乐器，他表达的音乐就可能更感人。所以，一个好的乐器，不单是一次性的投资，也在于后面频繁的维护和修理，让它时刻保持一个最好的演奏状态。

我不认为随着时间的积累，一件乐器的演奏价值也会不断上升。有很多人讲他的一把古琴，保存了可能上千年，于是它的音乐就会有多么好，市场价值有多么高——如果以年代来计

因为拆迁，宏音斋吴氏管乐几次面临停产。
幸亏 2011 年曾颁布了《非物质文化遗产法》，师傅们才能继续工作。

算，年代长自然有它的历史价值，但是单从音乐的表达来说，我不认为单纯用时间就能衡量它的声音是否最好。无论是木刻还是竹制的乐器，如果经常在非常饱满圆润且准确的音高下振动，这个乐器就会变得非常灵敏，它演奏的声音自然会好。所以，再好的乐器也要有好的演奏家演奏，它的声音振动才会有一个好的呈现。无论琵琶还是古筝、古琴，任何一件乐器，第一个演奏的人通常要在演奏几个月甚至一年之后，才能真正唤醒这件乐器的声音。而时间久了以后，如果你不是一位专业的演奏家，只是将乐器放在那儿，挂在那儿，甚至受潮朽烂了，那它当然没有办法演奏出美好的音乐。

我在出差旅行的时候，一定会在我随身携带的乐器盒里装上一个精致的维修盒，这个维修盒里装的都是校音工具：有朱砂蜡，这是用来校音的点头；有蜂蜡，如果出现簧片脱落开焊的情况，就用蜂蜡重新焊接簧片；还有一个非常薄的刀片，通常用剃须刀片磨制而成，万一有东西堵住簧缝的话，可以用它剔除；再有就是点针，用点针加上朱砂蜡以后，点到簧舌顶端，起到一个调音的作用。如果出门的时间比较久，还得带上研绿盘以及一块五音石。有了研绿工具，我甚至可以把簧片从笙脚上取下来清理干净，再把它焊到笙脚上，最后涂上这层绿，就像一个新的笙一样。最后在这个维修包里，还有一个调音器，它能精确地反映乐器的音高。但对于每一种音律来说，音高的标准都是不一样的，所以，我只能在调音器的帮助下，用耳朵和演奏经验进一步微调，从而掌握这种细微的平衡。而在这个过程当中，我必须平心静气、全神贯注地投入到对和谐的探索之中。当我把笙调完，其实和乐器之间好像就多了一份情感，在演奏它的时候，也就多了一份自信。

我曾问过马友友先生一个问题："你认为乐器是有灵魂的吗？"他说，我相信会有的——因为乐器在制成之前，它们也都是有生命的树。

PART TWO

创
作
们

WUTOONG'S
· V I E W S ·

犹记烽火，扬州路

　　"四十三年，望中犹记，烽火扬州路。可堪回首，佛狸祠下，一片神鸦社鼓……"回想这首《烽火扬州路》，对我来说其实是一个久远的记忆。

　　那时我还在中央音乐学院附中上学，Walkman 正在流行，放的是卡带，我就愿意戴上耳机跟着流行音乐一起唱，有时唱的声音很大自己都不知道。骑自行车时我更喜欢听音乐，踩着脚镫子踏着音乐节奏，既轻松又带劲，我觉得这是欣赏音乐非常好的状态，甚至比现在一边开车一边听音乐的状态都好。因为身体可以跟着节奏律动，可以更充分地感受音乐，也容易迸发出创作灵感。

　　《烽火扬州路》其实就诞生在这个时候、这个状态中：我清楚地记得，在音乐学院附中读高二时的一个中午，放学后我骑车回家，照例一边骑车一边唱歌。刚从复兴门骑到南礼士路儿童医院路口，一段非常好的旋律就在我脑海中出现了，当时真是很激动，我觉得我必须要把这段旋律给记下来，否则害怕忘记。正好我的 Walkman 有录音功能，于是我立刻停车，在路边把这段旋律录了下来，那时真是兴奋得不得了，因为好听，因为激动。这种激动一直持续到下午上课，我根据录音，迅速在课堂上把音乐旋律写成了谱，这是一首具有 Blues 感觉的曲子。有了旋律，有了曲子，万事俱备，只欠歌词——正好当时古文课讲的是辛弃疾的《永遇乐·京口北固亭怀古》。当时也不知道为什么，就是灵光一闪，我为什么不试着把这首辛词填进曲子里呢？结果这样一试，居然词曲贴合。于是，《烽火扬州路》这首曲子，就在课堂上基本完成了。

《烽火扬州路》第一次演唱，是在当年中央音乐学院附中的元旦晚会上，班里几个有兴趣的同学组成了演出阵容：拉小提琴的高翔弹键盘、拉大提琴的官勇弹贝斯、打民族鼓的蒲海打架子鼓、由我来演唱——这首歌在当时的音乐学院达到绝对火爆的程度。元旦晚会过去以后，当我们再开始上学的时候，全学校的人都在说这首歌太有意思了，都在竞相传唱。

《烽火扬州路》在音乐学院轰动以后，又过了几年，我加入了轮回乐队，很自然的，这首曲子也成了乐队的第一批作品。

1991 年，最早的轮回乐队，当时刚录完《烽火扬州路》的音乐小样。
左起分别为：周旭、吴彤、焦全杰、赵卫。

在 1992 年的时候，轮回乐队版的《烽火扬州路》被录音师老
哥（王欣波）收录到他正在筹备的专辑《摇滚北京》里——在
九十年代初，谁都知道百花录音棚的老哥是最好的摇滚乐录音
师。老哥把《烽火扬州路》放在 AB 面卡带的 A 面第二首曲子
的位置，这通常是安排比较重要作品的位置。然而，在老哥的
录音棚里录这首歌，却是轮回乐队成立后的第一次录音，我们
谁都没有经验，多亏了老哥的帮助，从音乐到设备，每一个环
节老哥都帮我们设计。我还记得，老哥当时建议说："既然是
一首宋词，可不可以加点中国乐器的元素？"在当时，中国的

摇滚乐队很少加入民族乐器，这个想法还是很有挑战的。可是
对于自幼学习民族音乐的我来说，加入民乐元素并不难。我大
概地想了一段旋律，请我的同学陈晓俐（当时的女友）来录了
一段琵琶。不知道这是不是摇滚音乐第一次和琵琶亲密接触，
大家都很喜欢这种跨越古今的碰撞。但是我们乐队的录制过程，
就漫长多了。大家不断涌现出新的想法，各种技术也都在试验
中，所以录制过程拖了很久，直到午夜十二点还没轮到我的录
唱部分，所以我就在录音棚的沙发上睡着了。记得我被叫醒是
在凌晨三点，老哥说："好！你可以录音了！"我赶忙用冷水
洗了把脸，清清嗓子，抖擞精神唱了起来——我发现，凌晨三
点钟唱《烽火扬州路》很有感觉，或许是声带还没有完全苏醒
就开始演唱，更多了一些声音的张力，录音很顺利。我还记得，
当我们离开录音棚的时候，已经是早晨了，大家好像一起在街
边吃了早点，然后坐着头班公交车各自回家了。

拜《摇滚北京》所赐，《烽火扬州路》成为用摇滚的方式
演绎古典诗词最早的作品，轮回乐队也因此成了民族化摇滚风
格的代表。在之后的许多年里，我们也有意识地在寻找一些古
词进行改编，但说老实话非常困难，只有对岳飞《满江红》的
改编还算相对满意。因为我个人的声线是比较高亢的，所以《烽
火扬州路》也好，《满江红》也好，这种豪放的词韵和我的声
音以及摇滚音乐那种排山倒海的气势有一种相似的共性。如果

你找对了它们之间的那种共性，将会是非常有趣的，甚至是开拓性的、启发性的一种发现——这种寻找不同形式之间的共性联系，在十几年后有了新的名字，叫"跨界"——当年摇滚音乐和中国诗词之间的内在联系是一种跨界，如今我在丝路乐团的音乐合作也算是一种跨界。这个世界上还有更多的内在联系有待我们去发现，还有更多的跨界艺术值得去寻觅与尝试。

从轮回乐队这种民族化的摇滚的跨界出现以后，各种新民乐、新国乐、新乐府之类将流行音乐和传统文化嫁接与发展出来的音乐，如雨后春笋般大量涌现出来，甚至开始泛滥。但对于传统音乐遗失非常严重的当代来说，我觉得任何对传统的重新演绎或者再创造以及各种跨界的尝试，都是有积极意义的。即便现在有些歌词刻意模仿传统诗词，写得比较浮华牵强，但我依然很支持他们的这种尝试。虽然这样的作品未必符合流行歌曲通俗易懂的本质，但是如果单从音乐的角度去欣赏它，歌词填得如何倒也不太重要，而且有人愿意从传统的角度去尝试某一种新的可能性。哪怕只是借助了传统文化的符号，也都是值得鼓励的。

当然，就我个人而言，我还是偏向于能够读得懂的、能够感受得到的词曲，否则文字再漂亮、再华丽，如果没人听明白，到底也是一件遗憾的事情，这会消耗大家对传统文化的沟通的尝试。所以，无论《满江红》也好，《烽火扬州路》也好，它们之所以能够被大家广泛认可和喜欢，也是因为读得懂，有共鸣——要知道，古词其实也就是古时候的流行音乐，只是曲子失传了，光剩下词而已。我们有理由相信苏东坡是重金属摇滚，李清照是女人情歌，而辛弃疾则是绝对的军旅作家。连当时的大宋皇帝没事都要问问，坊间最近流行什么新词？我喜欢的词人又有什么新作？我觉得，这很像现代人讨论音乐排行榜又出了什么新歌，而我喜欢的乐队现在又出了什么新歌。所以，我觉得流行音乐之所以能够成为音乐市场的重要组成部分，也在于它容易被广泛认知与传唱这样一个前提条件。

歌词是最短小精悍的艺术，言简意赅，你将一些简单字句写进去，大家都听明白了，然后再细听，里面都是深深的生活，再往下听，还可以延展出无穷无尽的想象……我想，如果能达到这种标准，那么无论诗词也好，歌词也好，都算是最高境界了。

哦，对了，自打《烽火扬州路》在音乐学院附中的元旦晚会唱响以后，辛弃疾的《永遇乐·京口北固亭怀古》有好几年都从古文课的试卷上消失了，因为同学们都会唱了。

音乐本来的样子

"青线线蓝线线，蓝格英英的彩，生下一个兰花花，实实的爱死人。"我和妈妈去紫竹院公园散步，路过一座小山时，就想起了这首陕北民歌《兰花花》——还在我很小的时候，爸爸就常带我来这里练习唢呐，吹的就是这首歌。我一遍又一遍地练，唢呐声在夏夜里尖利刺耳，也不知道打扰了多少对树丛中的恋人。

我对民歌的兴趣，最初就是源自对民族乐器的学习。很多民族器乐作品都由地方民歌或戏曲改编，想要准确把握音乐风格，不会演唱是不行的。记得上学的时候，每当演奏时遇到音乐风格上的问题，老师总让我先把曲子唱一唱，唱得好听了，演奏自然就会变得生动。后来音乐学院搞过一次民歌大赛，我还拿了第一名——这是我后来开始唱歌的动力之一。

真正爱上民歌，是从高考后一次去山西的采风开始的：从街边的小贩，到黄河上的艄公，从漂泊的木匠，到黄土高原上的农民。虽然人生境遇不同，有的欢乐，有的悲惨，但只要他们唱起歌来，眼里一定有希望的光——民歌是什么？是他们的命。所以，民歌的歌词不会有矫揉造作的修辞，因为每一声里，都饱含他们的挣扎与渴望。

所以自那次采风之后，一有机会，我就往民间跑，从新疆、西藏，到云南、贵州，前前后后不下十几个省份——在后来的音乐工作中，民歌给我的滋养是巨大的：那些曾经走过的村村寨寨，有的我已经记不起名字了，但是那些质朴的人们和真诚的歌，总会提醒我音乐本来的样子。

早在轮回乐队时期，我们曾改编过一系列的民歌作品，并且出版过一张改编、翻唱的专辑，而后在丝绸之路乐团中，我更是带去了很多由中国民歌改编的作品。这不光出于我对民歌的热爱，还因为民歌在国际音乐交流中无可取代的重要性，这是在与外国音乐家的合作当中慢慢摸索到的。在国外生活的人都知道，中国音乐在西方舞台上表演的机会很少，偶尔有一场来自中国的演出，多数也是政府组织的，所以，中国音乐几乎是在西方主流音乐市场之外。我还记得丝绸之路乐团第一次演出结束时，小泽征尔和约翰·威廉姆斯等着要看我的笙的情景，那时候还觉得挺骄傲——多年之后我才发现，中国音乐的国际化，还有太长的路要走。

我所在的丝路乐团，是由来自几十个国家的音乐家组成的一个世界音乐团体，艺术总监是大提琴家马友友先生，开放和公平的艺术气氛是这个乐团的一大特点。大家都会把最好的音乐奉献出来，那些来自不同国家的音乐语言既陌生又美丽，从木卡姆到拉格，从简约派到嘎美兰，我第一次发现自己曾经的音乐世界是那么有限。而艰深莫测的印度节奏，有着四分之一音的波斯调式，无论对我的乐器还是我的音乐积累，都构成极大的挑战。那时候，在国内小有名气的我在流行音乐方面的机会越来越多，但我不得不放弃一些国内的工作，把部分时间放在国外，这样，一方面可以向更多的人介绍中国音乐，同时也是难得的学习机会。我知道，只有更多的吸收，才能让音乐更具生命力。民族音乐如果脱离时代，最终会变成博物馆里的文物。音乐是这样，文化也是如此。

很多年来，有一个问题一直困扰着我：我要把什么音乐带出去呢？作为一个中国的音乐家，我能奉献什么呢？我慢慢发现，那就是中国的民歌。中国是一个多民族的国家，不同的语言和地理环境，孕育了风格迥异的民间音乐，而这些独特的音乐性格，在民歌中体现得最为明显。比如《兰花花》，这是一首陕北民歌，每次演唱的时候，我的眼前都会浮现出千沟万壑的黄土高原，我也会想到，在那干涸的黄土地里倔强地生长出来的爱情花朵。这首歌第一次改编是在轮回乐队的时候：赵卫把吉他按照中阮的方式定弦，听起来古韵十足，中段加上电吉他和打击乐的配合，使整首歌内在的张力很大，有一种在时光中追忆的感觉。

丝路乐团录制第一张专辑时，我和作曲家李沧桑一起改编了一个丝路乐团的版本，乐队中的琵琶，勾勒出中国元素的线条，大提琴低沉的旋律，让这首歌充满了故事性。在后半段，印度鼓、康加鼓和阿拉伯鼓组合而成的节奏型，给这首歌加入了流畅而有力的节奏，如同一首忧伤而激昂的行板。后来，丝路乐团受邀录制全美最热门的脱口秀节目《今晚》，我们专门演唱了这首中国的《兰花花》，成为这个节目历史上播出的第一首中国民歌。很多华人打来电话说，听起来倍感亲切。我了解他们的感受，客居他乡，在异国的媒体上可以听到自己的民歌，该有多么欣慰和自豪。

第三版《兰花花》是中国喜鹊乐队的版本。喜鹊乐队是丝路乐团的中国分组，是为了更好地挖掘中国传统作品而成立的。中国民间音乐很讲究默契，称之为"肩膀头"，意思是说只要领奏稍微示意，大家就可以心领神会，使音乐收放自如——这必须长期排练磨合才能做得到。为了达到更好的效果，在丝路乐团办公室的支持下，我请来了几位音乐界的好友，他们都是各自专业领域的高手，从而成立了中国喜鹊乐队。

　　《兰花花》是我们改编的第一个作品，虽然只有笙、琵琶、吉他、非洲鼓四件乐器，但是大家出色的技巧让音乐语言极其丰满，真是以一当十，但是跨界就意味着，要适应未知的领域。在开始的排练过程中，琵琶演奏家李晖，虽然在韵味和技术上都是顶尖水平，但是对于流行音乐看似简单的动律，却花了一些工夫去适应。吉他演奏家刘麟，是中国流行音乐界大哥级人物，但当他碰到民歌这种"不规整"的节奏型，也是要耐心研究，如何才能既保持流行音乐迷人的律动，又不改变民歌原有的旋

在纽约 FEZ Club 演奏陕北民歌《兰花花》（2004 年）

律线条。这种探索，对于中国音乐的现代演绎是很重要的尝试。我希望在未来可以把喜鹊乐队的乐谱出版发行，让更多喜欢跨界音乐的朋友作为参考。

我爱民歌，也爱唱民歌，无论在任何国家，即便语言不同，但民歌旋律的地域色彩所营造出的音乐意境，也同样可以向观众传达来自中国的音乐魅力。而民歌里所包含的那些动人的故事、真挚的情感，又会为音乐的改编带来极大的想象空间——那看似简单的一段旋律，其实是人们心灵深处的最真实的渴望。

我爱民歌，因为那一首首洗尽铅华的民歌，正是音乐本来的样子。

妈妈的早餐

一日之计在于晨。我童年的早晨，大都是在睡意蒙眬中被闹钟吵醒，在睡眼惺忪中摸到水龙头旁边刷牙、漱口——冬天的北京，凉水扎人、刺骨，我洗漱完毕后抹一把脸，妈妈的早餐就已经做好了。

其实，妈妈的早餐一直都陪伴着我，只要天冷，妈妈就给我做汤汤水水的吃，比如说汤饺、汤面，还有疙瘩汤，做起来既快，吃着又暖和，吃的时候加上醋和胡椒。我在寒风中骑着自行车奔向学校都不会感觉到冷，还直冒汗，舒服极了——所以直到现在，我仍能想起吃完妈妈的早餐后，我在寒风中上学的情景，印象实在很深刻。有时候我参加学校的演出，妈妈总会在早餐中给我加个菜——鸡蛋羹，软软地蒸熟后，滴几滴香油、酱油和醋，味道香极了！这鸡蛋羹不但好吃，还能给我精神上以支持，每次在演出的时候，就觉得有妈妈的爱，演出发挥得很好。

离开学校以后，我开始走上社会，对健康生活的要求也越来越多。有一阵儿社会上流行少油少盐甚至用水炒菜，我就跟妈妈说我们也得这样吃才健康，妈妈居然真的用水开始给我炒起菜来——但是她一直抱怨：做了一辈子菜，都是用油来炒，真不知道怎么用水炒。再往后，我又吃上了素食，妈妈没办法，只好又开始研究如何炒菜时不用肉也不用油。我的要求那么苛刻，妈妈居然也能天天变着花样给我做出一道道好吃的菜，现在想想，实在是厉害。

我搞创作的时候，黑白颠倒，天天熬夜，夜里不睡，早晨不起，妈妈还是会给我做好早餐——她起得早，自己吃完早饭以后，就会给我精心准备特别多的早餐。但是做到一半，材料全齐了的时候，她就停下来不做了，一来因为再往下做，就得开灶起火，声音太大，怕吵醒我，二来因为我还没起来，要是一下把早餐都做好，容易放凉。妈妈会一直等着，等我自己醒来，到洗手间里把水龙头刚一打开，妈妈听到后，就会立刻进厨房开始忙活，该下锅的下锅，该加热的加热。我刚刚洗漱完毕，一桌子早餐就做好了。有时候我起来时已经太晚了，匆匆忙忙刷牙、洗脸、换上衣服就夺门而出，背后传来的一定是我妈妈的声音："你还没吃早饭呢！"

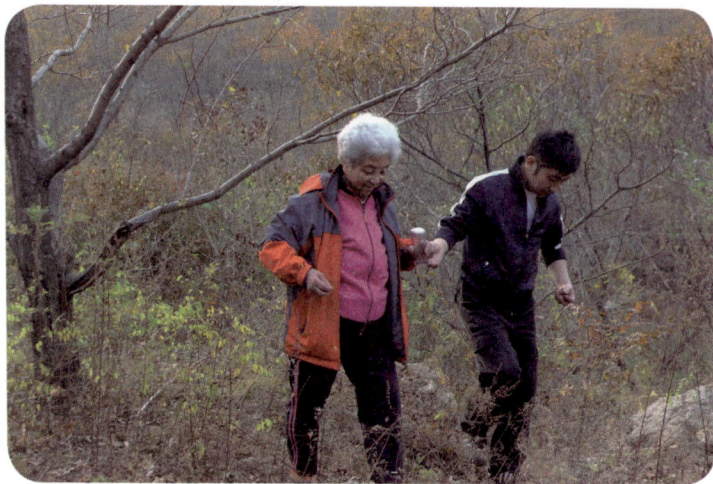

与母亲一起郊游（2009 年）

　　有一天，我静静地坐在客厅里吃早餐，看着眼前那么丰盛的一桌饭菜，突然想起来，我这一辈子吃过无数次妈妈的早餐，这早餐里其实就有妈妈那一如既往的爱。于是，我终于写出了之前那首迟迟写不出来的歌——《早餐》。其实自从我父亲去世以后，我就想写这样一首歌，但是写母亲的歌太多了，而且有太多优秀的作品，而当我发现早餐是母亲给我独特的爱的时候，这个作品很快就完成了。

　　后来我开始独立生活，早餐依旧会吃很多，因为这样一来，晚餐时可以给自己一个借口，让自己少吃一点。有时候妈妈过来跟我一起住，我觉得早餐更是重要：听说早上吃姜好，我就拿姜和醋泡在一起，逼着妈妈吃了很多；我也会提前一晚把粥熬上，定时到第二天早上正好可以喝，这样对妈妈的胃也有好处；或是特别制作健康的鲜榨蔬果汁——里面有姜、柠檬、枸杞和葡萄干。我自己吃的时候还会加蜂蜜，柠檬可以增加抵抗力，姜汁可以暖胃，枸杞补气，葡萄干的营养也特别丰富，喝起来味道很不错。不单是熬粥、榨汁，其实早餐的时候哪怕吃上一头牛，身体都是可以消化的。

所以，我给妈妈做早餐，通常也会准备很多的东西，我喜欢用蒸锅蒸玉米、白薯、紫薯、山药，甚至花生、枣和毛豆。所有的这些东西其实都非常适合早上食用，我会尽量改变以前熬夜的坏习惯，第二天可以早点儿起来，给妈妈做一顿丰盛的早餐。

似曾燕归来

　　我第一次听到《燕子》这首歌，是在 2003 年一个电视节目里，一位女歌手演唱的。音乐简单深情，我一下子就被吸引住了，最打动我的还是歌词："燕子啊，请你不要忘了你的诺言变了心，你是我的，我是你的，燕子啊。"爱情不就是这样吗？一句诺言，至死不渝。相比那些耳鬓厮磨、甜言蜜语，一生的厮守显得那么珍贵。真理总是简单的，但是又有几个人能真正做到呢？这就是民歌的魅力，在时光里大浪淘沙，留下来的就是朴素而直指人心的经典。

　　第二年，我有机会去新疆采风，专门去了天池附近的南山牧场，想听听那里的哈萨克族是如何演唱这首歌的。接待我们的哈萨克朋友非常热情，说到这首歌，虽然都能哼几句，但是没人能完整地唱下来。后来有人说，在大山深处有一个姑娘唱得好，而且她的名字就叫燕子。我高兴极了，马上请他们带我去找，但他们说进山只能骑马，往返至少要两天，我的时间不允许，只好作罢。正在我准备离开的时候，有人找来了一位中年男子，他弹着冬不拉为我演唱了这首歌，歌词一半是哈萨克语一半是汉语。他的声音洪亮，冬不拉节奏轻快，是那种比较欢乐的情绪——这虽然和我印象中的很不一样，但凭着哈萨克族那豪爽的性格，这样的唱法应该是再合适不过的了。

　　不久后，我去洛杉矶参加马友友和丝路乐团第二张专辑的

印度版《燕子》，人声、印度笛和萨朗吉交相辉映。

与马友友先生合作二重奏《燕子》，在台湾走台中（2010年）。

录制。期间向马友友介绍了那次采风，还有这首真挚的歌，他也被歌词打动了，于是临时邀请作曲家赵麟进行改编。赵麟是我在中央音乐学院的同学，他是快手，不到一个小时曲子就完成了，是一首大提琴与人声的二重奏。拿到谱子后我开始担心，他写的音区，对我来说太低了——我之前唱的歌，无论是摇滚还是民歌，音区都很高，我已经习惯于那种粗犷高亢的唱法，可这首歌的最高音只写到了我的中音区，使不上劲。说实话，这真是一个好的机会，可以在丝路乐团这个国际化的平台介绍中国民歌，可是要唱不好，丢自己的人不说，还会糟蹋了这首歌。

但录音时间已经安排好了，没有时间再改谱子，我就这样怀着不安的心情，走进了录音室。

两遍试奏之后，我有点找到感觉了——这要感谢马友友，是他深沉的大提琴，激发了我更内在的表达。这是我第一次和他单独合作，他总是欣赏和鼓励，并用他的音乐给我启发。慢慢地，我放松了下来，并且体会到了弱的力量，一方面可以让音色的变化更丰富，另一方面画面感更强了，好像那个叫燕子的姑娘就在我眼前，听着我唱。赵麟也很理解我，专门在中间段落给我留出了即兴部分。这样一来，我的音区反而更宽了。丝路乐团的录音方法通常是一气呵成，考虑到音乐的连贯性，不会在细节上反复修补。这首歌也一样，我们完整地演奏几遍之后，制作人肯定地说，他们认为可以了。我自知还有不足，但要是继续录下去，有可能会失去新鲜感，让感情变得僵硬。于是就出了棚——毕竟，录音是一门遗憾的艺术。

2005 年，丝路乐团第二张专辑《遥远的地平线》在全球发行了，《燕子》是其中唯一一首中文歌曲。可遗憾的是，索尼唱片没有授权在中国出版，我想大概是因为担心盗版的缘故。但后来每次丝路乐团在中国演出，我们都会唱这首歌。这首歌几乎成了丝路乐团的保留曲目，在世界各地频繁演出。有时候，考虑到西方观众听不懂中文，马友友会在表演前翻译歌词，希望大家能体会到其中的深意。即便有时候没有翻译，音乐也能营造出一种深情的气氛，剧场里鸦雀无声，观众随着音乐的起伏而呼吸。那时候我感觉，作为演员真是幸运。

《燕子》的第二版是由中国喜鹊乐队录制的。我们改编了大量的传统作品，不但有《酒狂》《十面埋伏》这样的器乐作品，还有山西、陕西、内蒙古等地的民歌。可是大家依然忘不掉这首《燕子》，想试试改编一个更热烈的风格。排练的时候，小提琴家高翔无意间拉了几句《查耳达什舞曲》，这看似无关的两首曲子，听起来却非常相近，都是深情而略带伤感的旋律，就好像是一首作品的前后两段一样，为什么不试着把它们融合在一起？于是，我们在这两个元素中，又加入了清丽的琵琶和火热的吉他，最终发展出了一个十一分钟的超长版本，并于2010年在香港和美国同时发行。

虽然这首歌已经录了两个版本，但遗憾的是，一直没有在中国大陆发行。恰好我的第一张个人专辑正计划出版，于是我和索尼唱片沟通，希望把我和马友友合作的版本收录进去。他们很支持我的想法，但是复杂的法律程序拖了很久，直到专辑已经快要发行了。不得已，我请了大提琴家关正跃来帮忙救火，准备再录一遍人声与大提琴的二重奏版。

因为有了前面的经验，这次的录音更自由了，我们还是采用了一气呵成的录音方法。录完之后我们发现，比之前的版本长了二十秒。显然，这一版的气息更长，情感更浓了。专辑发行后，我听到一个这样的故事，是一位台湾朋友听这首歌的感受，这显然不是一个甜美的故事："绿油油的草原上，洁白的毡房旁边，一位牧羊少年等待着毡房里的燕子，他就要离开了，或许再也不能回来。虽然他知道，和他的心上人今生今世不可能再有结果，但在临走前，他希望再看一眼他的燕子，说出他的诺言。"听完这个故事，我在电脑里这首歌名的后面加了一个标注——"诀别版"。真要感谢这首《燕子》，在我的歌唱生涯里，让我真正开始了浅吟低唱，在舞台上也不是一味地想着征服观众，而是向自己的心里看，把最真实的自己拿出来，观众自然是懂的。

有意思的是，这首《燕子》带给我的还不止于此。前些天网上突然出现一些对我的指责，原因是在 QQ 音乐里，《燕子》的词曲作者居然写成了我的名字。面对这样荒唐的事情，我也是一头雾水。所幸事情很快弄清楚了，是 QQ 音乐的编辑在上传文件时的疏忽所致，并已在网络上道歉更正了。

虽说事情已经过去了，但是一些评论倒是让我陷入思考。有人说作词作曲应为哈萨克斯坦的两位作者，也有人说最早的版本一千多年前就已经出现了。这首歌到底是原创，还是民歌呢？或者如王洛宾先生那样在原作基础上的创作改编？我想，面对这样流传地域广泛且年代久远的作品，即便对于音乐学界的专家来说，也会是很艰难的课题。但是我相信，每一首民歌都是一件宝，一件可以聆听的艺术品，它真实地记录了有关人们情感与趣味的历史。它超越了政治、经济和地理的局限，直接表达了人们心底深处的呼声。正如一首东乡"花儿"唱的："花儿本是心上的话，不唱由不得自家。刀刀拿来头割下，不死就是这个唱法。"

下雪了

　　我经常被问，你最喜欢自己的哪一首作品？我的回答只有"都喜欢"。因为每首作品都是我的心血之作，即便写得很快很顺，之前也一定有积累，或者有很深的感触才行。如果说，每一首作品都是生命的馈赠，这种笼统的表达似乎太过肤浅，甚至流于浮夸。可是，当你对每首作品，都有着等同于生命价值的期待时，你该如何回答呢？

　　老实说，二十世纪九十年代初我刚开始唱歌的时候，对某些作品并没什么感受，比如红太阳系列的红歌联唱，虽然断断续续录了几年，但是谈不上冲动，只是那种老歌新唱的形式，让我很兴奋。可是有些我不喜欢的歌，即使碍于面子录了，也会要求对方不要打我的名字，即便个别的歌后来有了些影响，例如《春光灿烂猪八戒》的主题曲，但是大家应该看不到演唱者的名字——有些听众猜到是我的声音，就在网上留言希望能再次翻唱一个完整版，可我说服不了自己，因为没有冲动。如果为了完成工作，强迫去唱，我相信这个作品不会真诚。

好在我的作品并不少，形式和风格也多，声乐、器乐、传统、现代，甚至实验音乐都有涉及，所以，我通常会根据提问者的状态或者节目的需要，推荐我的作品。但如果可能的话，我都会提到这一首作品——《下雪了》，不仅因为这首作品从小样到出版用了十七年的时间，还因为它对于我来说，有着一种关乎生死的意义。

在上中央音乐学院附中的时候，我就迷恋上了传统文化。那时候没有国学热，想买传统文化的书，要去琉璃厂的中华书局和中国书店。我经常下了课就往那里跑，记得和女孩子第一次约会，也是去琉璃厂逛的书店——现在想起来，那位女孩子当时一定觉得很无聊，怪不得没能修成正果，都怨我当时书迷心窍，不解风情。对于那些买来的书，我也不管懂不懂，一概囫囵着读，其中读得最多的，应该是《道德经》。十六七岁的年纪，读这种书，又没有老师答疑解惑，领悟是谈不上的，充其量对一两句话有点感觉，就开始口若悬河，高谈阔论了。"为赋新词强说愁"的好年华，有那么多简单的愤怒和天真的梦想，在先哲箴言的掩护下，显得格外刺眼。时间长了，在学校里倒是得了个"吴老道"的外号。

可是不明白的，依旧是不明白，很多问题深究起来，还是心虚的。例如"无为而无不为"，再如"后其身而身先，外其身而身存"，这些说起来超然世外的句子，其实根本没有体会。还不知道成功是什么滋味，谈什么"功成身退"？更不用说那些关于人生的终极问题，我不断问自己，为什么要活着？活着的意义到底是什么？奋斗、成功、身退，与其最终要退，又何必费尽周折走这一遭呢？一种无边无际的虚无笼罩着我，让我身体里充满了想一探究竟的冲动，而内心深处，偶尔也会涌上来一种浮油一般无可名状的厌恶感。

上了大学以后，父亲就同意我搬出来住了——在此之前，父亲一直管我很严。怕我在外面学坏，甚至不允许我住校，我其实一直渴望着，能够有个独立的空间，摆脱父亲的"关心"——这回我终于可以"自由"了。有一年放寒假的时候，我买了一整箱方便面，决定把自己关起来，彻底想想那些一直困扰我的问题："我为什么要活着""活着的意义是什么"等等，并下定决心，不论多久都必须想出个究竟，最好能像菩提树下的释迦牟尼，这一坐下去，再起来，便是个了了分明的如来。

我住的房子，在一幢很老的居民楼里，为了不被打扰，窗帘一直没有拉开，外面到底是白天还是黑夜，我不知道。偶尔从窗外传来车铃声，或者饭菜的香气，我猜想，应该是大家上班了，或者是晚饭的时间了。除此之外，整日的房间里，静得出奇。窗帘后面是书桌，书桌后面是枯坐的我，在这与世隔绝的房间里，连空气都要凝固了。有时候，我有意弄出点声音，因为这样，会让我舒服一些。大概就这样坐了三四天，绞尽脑汁，苦思冥想，偶尔会查阅书籍，想要在前人的文字里找到答案。偶尔也会写写画画，把零星的想法归纳下来，看看能不能有豁然开朗的一刻。困了就睡，不管白天还是晚上，饿了就吃方便面。

问题自然是想不清楚的，那或许，是要穷其一生去寻找的答案吧？我不断问自己，是不是应该放弃这徒劳的挣扎。"人类一思考，上帝就发笑"，以我有限的知识和经历，想要直面终极问题，恐怕为时太早了。我渐渐发现，在这个房间里，我已经快要腐朽了。这个房间像一口棺木，埋葬了我的疑问、焦虑，还有这疲惫不堪的身体。这样不行，这样下去必定是死路一条。于是我站起来，伸手拉开窗帘，而在这一瞬间，我怔住了。

窗外是一片洁白的世界，下雪了。

我从来都喜欢雪，小时候堆雪人、打雪仗，长大了更喜欢它的美丽。在暗室里憋闷了几天的我，仿佛被这突如其来的雪唤醒了。我情不自禁地要出去走走，推开门，一阵冷湿的空气扑面而来，让我这个沉睡的身体，瞬间精神了起来，就好像炎热的夏天里，喝了一瓶冰镇汽水。那种清凉，沁润全身。我三步并作两步冲下了楼，冲进了这个洁白的世界。

地上的积雪，已经很厚了，天上更是一片混沌与苍茫。大片大片的雪从天空飘落，既不是扑簌簌的猛烈，让你蒙头掩面，也不是那种稀疏的星星点点，让你担心雪就要停了。那是一种轻盈而欢快的节奏，一片片舞蹈般在你眼前腾挪辗转。正是上班的时间，视野里没有一个人，那些平日里熟悉的树木，远处的楼房，甚至是低矮的违章建筑都被这洁白的雪厚厚地覆盖着，忽略那些丑陋的细节，单单勾勒出一条童话般的简洁的弧线。

我只能听见脚踩在积雪上的声音，嘎吱嘎吱……这声音撞到旁边的墙上，又反射回来，像是加了一种混响，钟鼓一般旷远而洪亮。这声音叩响我的耳膜，回荡在我的心上。我能感到，我的血管里热血奔流，每一个细胞都在尽情绽放。这种感觉真是神奇！我好像第一次意识到自己活着，清清楚楚地感觉到自己活着。我想喊、想唱，想让我的朋友都知道，我此时此刻的快乐和感动。对呀！这不就是我活着的意义吗？用心去体会生命中的美，再变成一首作品，唱给大家听。让每个人心中都留下那美丽的瞬间，也留下了我生命的价值。

从此，我豁然开朗。尽管之后的生活，境遇各异，但是关于"我为什么而活着"的问题，再也没有问过。

那天回到家，我写了一首诗《下雪了》——

下雪了

天上地下一片白颜色

下雪了

这个世界变得很沉着

下雪了

孩子们的眼睛在闪烁

下雪了

踩着它我有点舍不得

下雪了

飘呀飘是过程是结果

下雪了

飘呀飘是幸福的寄托

下雪了

我对自己说

下雪了

下雪了

我对自己说

  从原稿的日期来看，这是 1993 年 11 月 19 日，我大学四年级的寒假。那时学校的功课不忙，同学们都忙着托关系找工作，我则是和轮回乐队的兄弟们，为第二年出版的专辑《创造》煎熬着——这首歌词因为太过内敛，不适合当时乐队的风格，就一直没有找到排练的机会。于是，这首词就像是压在我心底的一个秘密，一个对未来的期待，盼望着有一天，能够尘尽光生，照亮山河万朵。

1996 年的夏天，朋友送给我一把电吉他，我于是痴迷在电吉他上，用类似古琴的方法演奏。在练琴的时候，偶然发现了一个只用三个音组成的音型，这种电琴的音色，搭配上这个简单循环的动机，很有点 Suzanne Vega 和 Nirvana 的感觉，再加上类似古琴一般的中国味道，既朴素又空灵，我意识到这状态应该很适合《下雪了》。于是就在这个音型上，把这首压在心头的歌词唱了进去，并用四轨机，录了第一版音乐小样。但是，这音乐风格依旧和轮回乐队很不相符，所以乐队后来发行的几张专辑里，还是没有收录进去。在那之后的很多年里，只有在好友对饮，掏心掏肺到无话可说的时候，才会唱一下这首歌。然后，对着那场雪，下酒——我对于能不能出版这首歌，已经不再多想。

再往后，就发生了许多事情，我不得已离开了轮回乐队，十几年风雨共担的兄弟，转眼间就一拍两散。我很久不能从那种失落中走出来，社会上还是不断有人邀请我演唱轮回时期的作品。但记忆中，我再也没有唱过。原因很简单，那是我和乐队共同的作品，我不能独享。为此我还得罪过一些人，他们以为我借故推辞演出。但我是个过度谨慎的精神洁癖者，只希望让我心安理得地享受这份孤独就好。

两年后，我和大国文化公司签约，成为一名独立的歌手。我感谢他们在我茫然无助的时候支持我，出资录制了第一张个人专辑。考虑到市场的反应，公司还是希望选歌时多一些摇滚的风格，所以，《下雪了》还是没有收录在内。公司里艺人多，每个人都想尽快发歌，我不想争，也真的认为他们应该先发才对。于是左等右等，最终遇上了传统唱片市场严重萎缩的混乱时期，可这时候，我和公司的合约到期了，唱片发行的事情依旧没有谈好。

又一年后的夏天，大国公司的新任总裁、著名音乐人姚谦约我去公司见面，他正给袁泉的新专辑选歌，问我有没有适合她唱的作品。我觉得袁泉的气质清新脱俗，就给他听了那首多年前用四轨机录的《下雪了》。但可惜的是，虽然姚老师很喜欢，但袁泉的声线不适合演唱这种风格。于是，这首歌又一次被放下了。有意思的是，在这一过程中，姚老师发现了我一直未出版的专辑，并主动提议帮我找公司发行，但感觉专辑中的作品过多强调了我之前的摇滚风格，希望我不必太在乎市场潮流，只是把自己认为好的作品拿出来就好，并且建议，将《下雪了》重新录音，正式收录到专辑里。

终于，这首歌等来了出版发行的机会——从1993年的那一场雪，1996 年的四轨机小样，到 2010 年，整整十多年的等待。我请来了好友巫娜，用古琴替换了原来的电吉他声部，别看只有三个音一个动律，为了找到那种沉稳而灵动的感觉，她反复录了三个多小时，随后她不得不马上奔向机场，险些错过了旅行。另外，我也希望音乐中能有些异域风格的宗教元素，于是就邀请了丝绸之路乐团的同事，印度年轻一代的鼓王 Sandeep Das，请他用 Tabla 录制节奏的部分——但他住在德里，请他来北京或者我去印度的话，从时间和预算上都不现实。于是，我们决定试试互联网，看看能不能通过网络传输，完成一次跨地域的合作。在邮件中，我跟他详细讲述了这首歌的创作背景和我的期待，希望他在现有的音乐基础上，录制一繁一简两个版本的印度鼓。因为我在北京，所以录音时只有 Sandeep Das 自己，有关音乐的把握，就全靠他的理解了——两天后，我的邮箱里收到了他的录音，通过简单的编辑合成之后，他的部分和之前的录音完全吻合。谢天谢地，阿弥陀佛！

在快要完成录音的时候，我总是念念不忘，小样里原来有一段背景声——那是在前奏部分随机录的一段广播节目，内容和雪无关，可这种差距，反而加大了想象空间。我想重新录这段背景，只可惜现在的广播已经与当时不一样了，甚至连那个收音机也已经不知去向。左思右想之后，我请录音师付鹏，把话筒从录音棚的窗户伸向了外面熙熙攘攘的街上，从而完成了这段背景声。虽然是夏天，更没有下雪，可这场雪一直在我心里，从那个冬天一直下到现在，从未停止过。

这场雪也在每个人的内心深处。如果你愿意，即便在流火的盛夏，你依旧可以感到，这满世界的美丽和苍茫，还有那钟鼓一般，旷远而洪亮的脚步声。

朋友们

WUTONG'S
· V I E W S ·

谁的友友，谁的丝路

　　"我们迷路啦！"瑞秋一边开着车，一边抱歉地说——我看了看表，现在已是凌晨一点，我们在 Tanglewood 的群山中，已经转悠了一个多小时。

　　在丝绸之路乐团办公室工作的瑞秋和我一样，也是为了丝绸之路乐团的第一次工作来到了 Tanglewood，我们分别借住在志愿者提供的家里。这些家庭散落在山间，环境优美但相距很远，每天排练都需要安排人来接送。瑞秋今天负责送我回家，漆黑的夜里，不知错过了哪个岔口，然后就找不到回去的路了——天知道该怎么办！我们只好在一个路口停了下来，瑞秋一直在打电话，看样子像在和谁说着我们的位置。不一会儿，漆黑的山路上开来一辆车，接我们的人到了——那人居然是马友友。

　　我有些诧异，怎么会是他？这几天世界各地的演奏家、作曲家、剧院经理纷纷而至，都是为了一睹跨国乐团的排练和首演，而友友是乐团的发起人和艺术总监，白天几乎永远是焦点，不能休息一分钟，万没想到深夜里，还会自己开车来搭救我们。友友的低调和体贴，让我对大师的概念一时恍惚了。回去的路上，他用不太流利的中文和我聊着天，到我的驻地时已经快两点了——我不知道他住在哪里。可是第二天，我一早排练的时候，他已经到了，依旧谈笑风生，没有一丝倦意。

　　如果说友友是当今世界上最成功的艺术家之一，那么了解

与马友友先生（2004 年）

他的人都知道他的成功是有原因的：艺术感觉和个人修养暂且不提，单就勤奋这一点，恐怕就不是常人能够想象的——虽说已过知天命之年，但他的日程总是排得很满，安排了一场接一场跨洲旅行的音乐会。他还有一个不成文的规矩：同一个作品不在同一个地方演出第二次。于是，我们每次都在巡演的前几天进行密集排练，即便有的曲目在其他地方演出过，大家很熟悉，可友友总会有新的想法，让作品每次都有新的提升和突破——这和我在国内常见的那种一首歌唱一辈子的状况，真是云泥之别。

在纽约布鲁克林，Systems Two Recording Studio 里的一件雕塑作品。

国际旅行时，倒时差最痛苦：白天工作时会头晕犯困，晚上该睡觉时却又瞪着眼睛睡不着。可友友不是这样，长途飞行再累，他也不会缺席任何一场排练，并且一定会安排出公益授课的时间，再加上采访和发布会，我真怀疑他是不是特殊材料做成的。有一次我问友友："你是不是吃了什么补品，或者有什么秘方可以让自己保持如此充沛的精力？"友友说："我唯一的方法，就是在上飞机以后，按照目的地的时间作息。"他说得轻描淡写，好像这根本不是什么问题。后来时间久了，我发现了他的一个秘密：那是在欧洲巡演期间，演出开场之前，我看见有个人躺在休息室的三角钢琴下面，头上盖了一张报纸——那是友友。随时随地利用空闲时间休息，然后把最有活力的状态留给工作，这就是他的秘密。

音乐家的魅力自然在舞台上。关于友友的演奏，很多人比我更有研究，我只分享一次在科隆音乐厅后台的感受，那是2002年，丝路乐团在欧洲巡演。在那次巡演的节目单上，有一首阿塞拜疆作曲家弗朗哥里茨·阿里·查得的作品《Habil-Sayagy》，音乐融合了二十世纪西方现代作曲技巧和中亚地域的曲风，由大提琴和一台预置钢琴演奏——按说这样的音乐，旋律线条不易捕捉，而且又是异域的音乐元素，听起来更是难上加难。我在后台候场，原本没有注意舞台上的表演，可是不知道什么时候，我被大提琴那充满生命力的表达吸引了：那时而嘶吼时而叹息的乐语，甚至挖掘出了我们埋藏在心底，平时不易察觉的呼声。我紧紧地盯着后台监视器里友友的身影，屏住了呼吸，一动不动地感受着眼前发生的一切——人类真是伟大，创造了音乐这样神奇的东西，让人们单单通过聆听，就能超越现实的藩篱，让内心直接感受到造物主的悲悯。是的，是悲悯，是当你察觉到每一个人都将穿越爱与恨、生与死时的那份苍凉而悲壮的感情。舞台上的友友，就像站在人类信仰的顶端，独自承受着人性的捉弄，他如同那只迷途的羔羊，也是受难时的耶稣。那一刻时间凝固了，只有音乐一层一层撩开平庸的迷帐，无情地揭示着那绝美而残酷的真理。即便是摇滚歌星，也未必能把高尚与邪恶同时表达得如此真实统一，真是太帅了，音乐就应该是这样的！

当一位演奏家用他全部身心倾注在一件乐器上的时候，乐器本身已经不重要了，吸引我们的应该是他内心的呼喊和灵魂的温度——当一个人试图用有局限的身体行为，通过手中的另一件有局限的声学乐器，来表达那无限渴望的时候，那种真实的无力，远比电子乐器带给观众的视听张力，更加强烈。

聆听者的角度尚且如此，而作为舞台上的音乐伙伴，友友的很多细节更是让我感动：在丝路乐团的保留曲目中，有一首哈萨克族的情歌《燕子》，是人声与大提琴的二重奏。人声需要低回婉转、绵长细腻的表达——对于男高音声线的我来说，这是个挑战。有一次在纽约演出时，由于时差的原因，嗓子状态很疲劳，一个本应该唱得很长的尾音，却在中间突然哑掉了，而友友演奏的大提琴声部，恰恰是要模仿我这一句。没想到他在演奏时，也把尾音只拉了一半的长度，而后戛然而止，给人一种"音乐原本就是这样"的感觉。舞台上的我，被他的机灵做法感动了——要知道，演奏家都希望把自己最好的一面展现在舞台上，像这样冒着背黑锅的风险替我圆场，大多数的人是连想都不会想到的。这就是友友，一个在舞台上值得信赖，并随时都可能给你惊喜的人。

生活中的友友，更像一个身体微微侧弯的大孩子。他的后背曾经做过一次很大的手术，因为长期超负荷地演奏大提

迈阿密音乐厅，因为临海，座椅选择了浪花图案的设计。

琴，他的脊椎严重变形，已经固定成了拉琴时的样子。而矫正后的脊椎，虽然有所好转，身体依旧微微弯向大提琴的一边，但是这并不影响他乐观的心情和顽皮的天性。印度有一种摸脚礼，就是见到老师或者前辈的时候，先用手摸一下自己的前额，再去摸一下对方的脚，以示尊重。可是这个礼节在丝路乐团里，却演变成了一场欢乐的混战：大家从世界各地汇聚到一起，相见的时候都会追逐着、闪躲着行这种礼，谁都想首先触及对方的脚，表达敬意。有时候，你甚至会看到两个人在酒店的大堂里滚到一起，而后友友手里抱着一只别人的鞋子，满意地离去。

奥巴马说，马友友是他见过的最快乐的人。说得没错，友友不但是个快乐的人，同时也会把快乐带给周围的人。他总会细心地考虑别人的感受，并尽可能地关心身边的每一个人：他记忆力超群，几乎可以记住曾经的每一个合作者，有的甚至能说出对方家人的名字；他喜欢小孩，小孩子也喜欢他，因为他总是亲近的样子，有时甚至比孩子还天真；在旅途中每到一地，组织者都会为他安排专车，我不止一次见到他在临行前，将自己签过名的专辑送给专车的司机；他总会随身带着一支签字笔，有时候别人找他索要签名，对方却忘了带笔，他都会主动把自己的笔拿出来使用，不让别人难堪、失望。

我听说"马友友"这个名字，是在八十年代。那时农展馆每年都有一次国际音像展，同学们都会节衣缩食，带着省下来的钱去寻宝——马友友的专辑是海外版，虽然价格很贵，但是总是最抢手。那时候我才知道，这个中国面孔的大提琴家从小就是个神童，现在已经是国际级的音乐家，他绝对是中国人的骄傲。后来和友友熟识了，知道他的父亲是浙江人，母亲是广东人，他出生在法国，而成长又在美国。他既在茱莉亚音乐学院学习大提琴，也在哈佛学习人类学。从一名童星，到世界级的音乐大师，他的足迹遍布世界各地，所受的文化影响也极其多元，很多不同文化背景的人都以他为傲，他也热爱着不同的

Seiji Ozawa Hall,Tanglewood——丝绸之路乐团 2000 年从这里开始。

文化和所有的人，但是他又不完全属于任何一个地方。

马友友在二十世纪的文化融合与冲突中成长，作为移民，我相信他也同样感受到在陌生的地方，人与人之间理解与包容的重要性。1998年，他开始筹划组建由世界各地的音乐家组成的跨界音乐团体——丝绸之路乐团。他希望通过不同文化背景相互融合而产生的音乐，呈现出不同文化之间沟通与融合的可能性——在二十一世纪崭新的时刻，丝路乐团既是友友个人的梦想，也是在这个渴望平等与对话的时代必然的产生。

我得以进入丝绸之路乐团，要感谢作曲家盛宗亮先生的引荐——1999年，我在密歇根音乐学院举办讲座，盛先生是密歇根音乐学院的教授，同时也是丝路乐团的音乐顾问，他正在帮助友友一起筹划建立丝绸之路乐团。当我得到邀请的时候，非常兴奋，心想无论结果如何，至少能和心目中的大师一起工作，在音乐方面能有所提高，同时也可以感受一下古典音乐大师的天空。谁知道，第一次在 Tanglewood 的 Workshop 我所见到的，就是本文开始的那个深夜营救我们的朋友，而不是想象中被媒体的长枪短炮簇拥着的音乐大师。

友友很少接受采访，在二十天的排练和演出之中，我几乎看不到一个记者，这里所有的焦点，只是围绕着音乐作品。我纳闷这样的音乐盛事，为什么没有大规模的采访报道。难道马友友和他的公司不懂宣传的重要性吗？事实上，在之后的十几年里，友友和我们的丝绸之路乐团，一直是很少接受采访的，这几乎成了传统。大家把所有的时间和精力，都放在了排练和演出上面，不停挖掘音乐上新的可能，并且在教育方面积极分享我们的经验，而平均两年出版一张专辑的节奏，也从未间断过。然而没有太多新闻，对一个新乐队的推广并不有利，甚至会平添不少问题。所以在开始的几年中，很多朋友都在猜测，丝绸之路乐团到底能够坚持多久？友友作为乐团的音乐总监，所承受的压力可想而知。为了维持乐团的发展，他不知道义务演出了多少场，并且把自己获奖的五十万奖金，也悉数捐给了我们的丝绸之路项目——这是我很久以后才知道的。

从合作的角度来说，时间是必要的条件：长时间的磨合，让看似毫不相干的乐器之间找到了相互沟通的语言，我们彼此之间有了更多的了解和信任，大家的配合越来越默契，音乐风格也渐渐成熟。随着在世界各地的每一场演出，每一次工作出访和每一张专辑的出版，丝路乐团的听众和知音慢慢多了起来，大家不但被丝路乐团独特的音乐所吸引，也在这个跨文化的音乐团里，看到了音乐以外的沟通的可能。有些媒体甚至认为，丝绸之路乐团是一种二十一世纪的文化现象，是"MUN"音乐联合国，也有媒体赞誉丝绸之路乐团为"二十一世纪最伟大的乐团"。可是丝路乐团的同事们并没有为此欢呼，大家只是继续着往常的节奏——或许让大家最兴奋和迷恋的，只是创造出

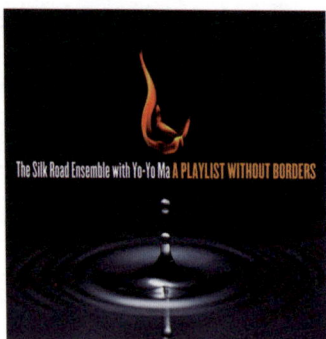

A Playlist Without Borders CD and Live
From Tanglewood DVD
The Silk Road Ensemble with Yo-Yo Ma
(2013, Sony Classical)

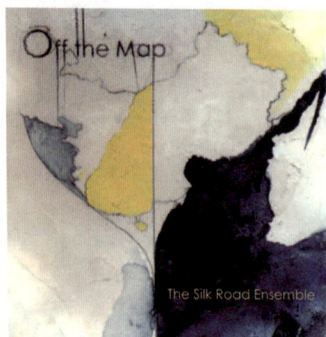

Off the Map
The Silk Road Ensemble (2009, World
Village, In A Circle Records)

New Impossibilities
The Silk Road Ensemble with Yo-Yo
Ma, Chicago Symphony Orchestra (2007,
Sony Classical)

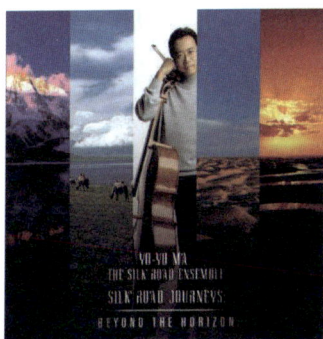

Silk Road Journeys: Beyond the
Horizon
The Silk Road Ensemble with Yo-Yo Ma
(2005, Sony Classical)

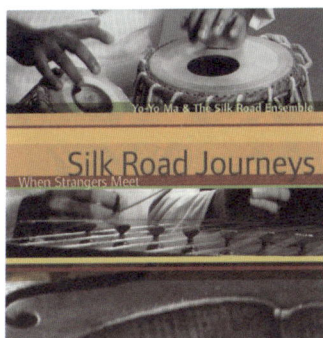

Silk Road Journeys: When Strangers
Meet
The Silk Road Ensemble with Yo-Yo Ma
(2002, Sony Classical)

的音乐及其过程本身。

表演团体通常会把优秀的作品放在第一位。因为有了好的作品，就会有听众，以及更多的演出机会，这是乐队存在的基础。但作为丝绸之路乐团的一员，我发现从成立至今十六年的时间里，大家更关心的是相互的理解和文化上的平等与尊重。

在丝绸之路乐团里，音乐家来自不同的文化背景，音乐经历和兴趣也各有不同，所以乐团的作品非常多元，这对每一位音乐家来说，都需要理解和耐心。例如，我曾经对现代派的音乐作品缺乏热情，甚至有些抵触和反感，因为有时候现代风格的作品在音响和节奏上非常奇特，当独自练习时，很难听出音乐的线条，本应美好的音乐，变成了枯燥的折磨。我曾经一边强迫自己练习，一边心里抱怨："这是什么鬼东西？我为什么要在这种无聊的音乐里浪费时间？"可当乐曲排练合成以后，作曲家的意图显现出来了，的确是极其新颖而美妙音乐语言——那时，我又会为自己的武断而惭愧，也为能成为这个开放的音乐团体的一员而自豪。当然，并不是每个作品都能够达到最满意的效果，但是作为一个拥有梦想的音乐团体来说，在音乐中的实验与探索，应该是必然的。

在丝绸之路乐团的工作中，我所经受的挑战还不止于此：印度音乐复杂的节奏、波斯音乐丰富的音阶、古典音乐演奏法的严谨，还有很多从未接触过的音乐语言，都需要怀着极大的耐心和热情去学习、去尝试。直到在陌生的音乐里，找到自己的恰当位置，让那看似毫不相干的音乐语言，塑造出一种新的"不可能"。

同样，对于外国的音乐家来说，演奏中国音乐也并非易事。中国音乐自由的节奏、地域的风格，还有对"精气神"的把握，都需要耐心和热情，然后细细地揣摩。2007 年，我和喜鹊乐队将琵琶大曲《十面埋伏》改编成了交响乐团和丝绸之路乐团的版本，我们还邀请作曲家李沧桑先生帮助我们一起完成。排练时，丝路办公室邀请了一位美国当地的指挥家来担任排练，但遗憾的是，我们之间的合作并不愉快，原因是中国传统音乐的记谱方法和西方古典音乐的记谱方法有很大不同，而那位指挥家对这种状况显然准备不足，并在工作当中表现出相当的烦躁。排练过后，虽然音乐听起来还不错，但是那种尴尬的工作气氛，还是让大家都很难过。我甚至担心，这种坏情绪会使日后的演出变成灾难。于是丝路办公室在征求了我的意见之后，在正式演出的时候更换了另外一位指挥，而那个作品在经过一段时间的磨合之后，最终成为一首既有中国气韵，也很有现场效果的经典作品。我们在世界各地演出这首作品，并将芝加哥演出的现场录音出版发行。2008 年，香港中乐团将这一版《十面埋伏》移植到中国民族管弦乐团，并带着这个有着跨界音乐元素的"中国传统作品"，在世界各地演出。至此，这首中国琵琶大曲在东西方不同的音乐环境中，完成了一次不平凡的现代演变。

　　这些年来经常有人问我，你们乐团是不是去过很多丝绸之路的国家？好像丝路乐团就应该在丝路列国间表演。是的，丝绸之路是一条地理上的线路，之所以被大家津津乐道，是因为它不但促进了商贸的往来，也促进了东西方文明的交流和沟通。大地上的坐标和路线其实只是这条丝路的形骸，它的精神、灵魂其实是人类文化在相互依存、相互沟通、相互影响下共同发展的可能性——如果两个人心存芥蒂，那么即使他们面对面，恐怕也难免形同陌路；如果两个人心有灵犀，那么即便隔着大洋大海，也不能影响他们的沟通交流。飞机与互联网使人们彻底挣脱了地理上的束缚，古老的丝路也演变成了心与心之间的丝路——当你对未

知的远方充满好奇的时候，这条路会指引你找到更广阔的世界；当你在旅途中学会了理解与尊重，你就可能和陌生人成为朋友。

我们应该对自己的文化有清楚的认知，因为事关我们在世界文化中的存在感和幸福感。但同时，智慧的你或许可以看到，世界上那些伟大的文明之所以绵延了几千年，依然生机勃勃，是因为，这些文明都有一颗包容而开放的心。

遇见姚老师

在我的人生当中，有几个人在不同的阶段，对我的影响非常深远。在我离开学校面对社会之后，对我影响和支持最大的一个人，应该就是姚谦老师了——遇见他，是我的幸运。

跟姚老师最初见面在大国公司：当时我刚刚约满离开，姚老师作为大国公司的领导，刚刚走马上任。按说两人本应擦身而过，但姚老师在公司的档案中，看中了一张我未发行的专辑，所以在和我简单沟通了两次之后，他决心要为我发行这张离开轮回乐队以后我迟迟未发的专辑——这是一张在市场上并没有一个准确定位的跨界专辑，相对于当时中国的音乐市场，我的音乐显然是太超前了，这种超前不是灰色、另类，而是一种在风格上的跨越。它不在任何一个传统的音乐产业模式里，因为

与姚谦老师

它有摇滚乐的激情澎湃，也有民族音乐的清雅超然，也有流行音乐的清静朴实，也有民间地方音乐的特色。所有这些音乐元素加在一起就变成了跨界音乐，而这种跨界音乐其实是在世界范围内新兴起的一种风格。在中国，大家只是知道它的名字而已，而对于如何经营它，如何寻找它的舞台，甚至如何欣赏它，大家恐怕都还在一个成长的过程中——我本已经放弃了出这张专辑的希望，所以当姚老师提出要帮我出这张专辑时，我激动得不知道该说什么才好。姚老师过去在五大唱片公司都做过领导，同时又是一位著名的词作家、文学家、收藏家……也许正是因为涉猎广泛、知识渊博，姚老师看到了我音乐背后的那一份合理性，而我们的合作就在这样一种充满挑战的前提下开始了。

在音乐上，我可能就像王家卫导演说的，"是一个放浪形骸的痞子"，没有一种音乐可以束缚我的想象，而姚老师更是一个具有艺术热情，同时又有非常严谨的执行力的天才艺术家，所以在我们的合作当中，姚老师总是默默地支持我，并进行有节制的影响和点拨。他有时候只是给我一个简单的建议，比如说对《望春风》的改编就是一个非常好的例子。那是在2007年，丝路乐团要去台湾演出，姚老师把《望春风》这首二十世纪三十年代创作的台湾民谣介绍给我，并希望我重新演绎它。这首曲子看歌词字面的意思，是讲少女怀春，但台湾的知识分子又赋予了它另外一重含义，那就是对台湾岛命运的寄托和对未来的彷徨——这真是难得的选题，要不是姚老师这样了解这首歌的背景，我或许只把他当作一首关于爱情的民谣。这一首作品给我带来了很强的创作欲望，于是才有了这样一首融合了中国传统、以古典大提琴作为背景的跨界风格的《望春风》。在我用台语演唱的过程当中，也非常感谢姚老师能够在电话里面遥控我的录音，每一个台语发音他都帮我校正过很多遍，直到在台湾演出的时候，连台湾本地人都佩服我发音之准确。

这些年，我更注重研究笙的文化与精神，在这方面下了很大功夫，而从市场的角度来看，这当然没有流行音乐对于销售的实际利益更大，但姚老师总会给我建设性的支持。在这样一个竞争激烈的商业社会里，可能大家的每一次合作，都会把"利益"作为第一考虑的条件。而当我仔细回想，发现我和姚老师合作时，利益从来没被排在前面，这是非常可贵且值得珍惜的事。当我发觉笙的"和德清正"四谛之后，姚老师帮我找到了更多跨界合作的可能，比如说与吴冠中先生画作的合作：笙特殊的和谐之音配上吴先生的画作，变成一种难得的艺术合作的跨界经验，而这对于一个单纯的流行音乐的制作团队来讲，是难以想象的事情——这不但需要相互信任，同时还要有艺术上

的热情。这些年我之所以生活、工作得这样快乐，只因为有这样一位了解我而且永远支持我，并给予我恰当指引的伯乐存在。

姚老师是文人，具有非常细腻敏锐的洞察力，生活中那些微小的，容易视而不见的细节，他都不会忽略掉，他会用心收集这些小小的细节，使其成为创作的元素，从而爆发出动人的力量。也正因为如此，姚老师才会有像《味道》这样非常细腻而敏感的作品。姚老师有一颗赤子之心，就像他那首《鲁冰花》，大家都以为这是久远年代之前的一位老词作者写的作品，谁能想到，那个时候姚老师仅仅是个年轻的词作者。这些年，姚老师在流行音乐的潮流中创造了一个又一个奇迹，培养了一个又一个明星，但他一直都没有丢掉那颗赤子之心。姚老师爱旅行，他总是想着要去世界更多的地方走一走，他会一个人走到南非，会在非洲的荒野中夜宿，也会去南美的亚马孙丛林探险。姚老师也爱收藏，是一个著名的收藏家，他收藏的主题定位在受到殖民影响的东南亚艺术家的作品。对多元文化汇聚的东南亚地区来讲，或许这里面有那一代人或者几代人，对他们的传统与未来的期待与愿望吧。

姚老师是唱片公司的老板，但我觉得他更像一个文化的推动者，一个一直在关心年轻一代，挖掘年轻一代，给他们创造机会的充满童心的老前辈。每次我和姚老师见面，都是我说的话多，他的话少——姚老师很少谈及自己的各种经历，更多的是听我诉说，并且在我源源不断的思考和设想中给我恰如其分的、非常小心的指引，这应该是出于他对艺术家最大的爱护，因为他不希望自己主观的观念给我太多的影响，同时也是他对于一个讲述者肯于静静聆听的君子之风。

对于我来说，姚老师就像一个智慧的前辈，一个善良的朋友，一个不问回报的合作者。

果然是王家卫

　　我一直在想，王家卫导演是一个什么样的人？他和善，他敏锐，他细腻，他勇敢，他执着，他功成名就，却始终充满了刚入行的年轻人一样的冲动和热情，他善于聆听又绝不会在艺术上妥协哪怕一点点。在他和善而优雅的表象下，在他宽阔而深邃的内心里，一直有一把锋利的刀，让他的每一部作品在诞生之前，就已斩断了与平庸和世俗的联结。

　　第一次见王导，是在 2007 年丝绸之路乐团的亚洲巡演当中，其中一站是香港。当天演出之前，后台那些美国的年轻跨界艺术家们在热烈谈论着，说今天的观众里面有一位是著名的电影导演要来，他叫王家卫——我很喜欢看王导的电影，然而这些年轻的艺术家们对远在东方的一位香港电影导演这样地重视和期待，却让我着实有些惊讶。

当天晚上演完出以后，王导到后台和大家见面——本以为这件事就这样过去了，再无交集，可没想到那年秋天，王导却通过他的公司联系到我，约我见面商谈一些音乐上的合作。见到王导本人时，我发现他是一个和蔼可亲如同老师一样的年长的朋友，其实王导看起来很年轻（或许是他充满活力的思维影响了我的判断），他的想法甚至比时尚的年轻人更敏锐且前卫，充满了桀骜不驯但是绝对文质彬彬的优雅气质……但这些都不及与他的对话给我带来的印象更深刻：哲学、宗教、历史，我们天马行空，无话不谈。他有时会静静聆听，有时会提出自己的想法和建议——当时其实不觉得，但事后细细想来，字字句句都有启示的意味。

那一次的会面，我得到王导的工作邀请，为他已誉满天下的《东邪西毒》终极版进行再度配乐。他给了我一段影像，让我先做一段配乐小样——那是张学友饰演的北丐在沙漠里埋伏马贼的桥段。说起来，王导的《东邪西毒》真是看了不知多少遍，看着看着就忘记了还有配乐这回事，经常被电影人物的独白所深深吸引、不能自拔，我甚至觉得那些被誉为经典的王氏风格台词，可能现在还躺在王导的日记本里，每一字每一句都滴着血和泪以及孤独寂寞的温度。一个星期后，我交给王导的音乐，是由蒙古的呼麦、北方的管子以及失真的吉他声带来的那种杀伐之气融合到一起的作品。这场沙漠里的伏击用北方的音乐元素来组成，完全不是先前版本的《东邪西毒》那熟悉的旋律，而是充满了浓厚的地方民族音乐特点，同时又有现代音乐元素的跨界音乐语言——王导很高兴，于是我们就开始了这个漫长的工作。

在跟王导一起工作的过程当中，我周围跟我合作的同事，包括我自己，都经历了一次前所未有的身心高强度挑战：在王导那几乎没有止境的要求下，我们永远在挑战更好的可能，于是工作也变得没有了尽头，漫长得像经历了一场熬不完的人生……可和王导合作，既让我心力疲惫，又让我对遥远的未知充满了亢奋与冲动。

在工作过程中，王导除了对艺术的严厉与督促，也有一份对于朋友的关心和体己——不知道是由于他巨蟹座的特质，还是因为他生活在香港一直保持着粤语地区礼仪传统的关系，记

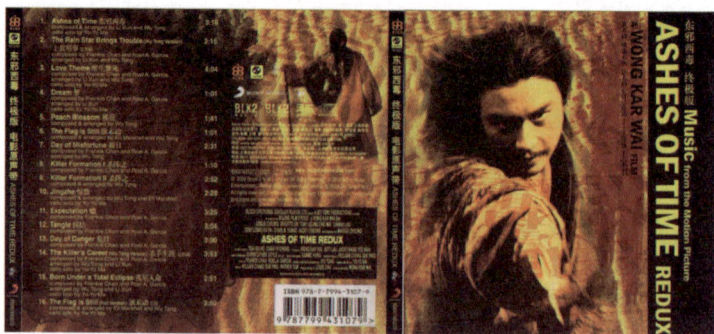

终极版《东邪西毒》电影音乐专辑——与王家卫导演的第一次合作。

得那次工作结束后，正赶上 2009 年元旦，王导在回香港过节之前，专门托他的同事给我送了一瓶酒，还写了一张贺卡，感谢我之前在工作上对于他的帮助——我从来没有想过，这样一个伟大的艺术家，还会如此仔细。而后，2010 年我去香港演出，王导听说后，虽然人不在香港，却还是定做了一个很大的花篮，送到后台祝贺，王导的细心由此可见一斑。

如果说宗师是开宗立派的先行者，那么王导在传统与现代之间的艺术连接上，确实堪称"一代宗师"：他让传统的东西变得有血有肉特优雅，也能让现代的东西变得有灵魂、有感触且超酷。我与王导的第二次合作，就是《一代宗师》的宣传片：虽然片长只有两分钟，但在两个月的时间内，我们前后做了十几版不同的音乐。因为有了第一次的工作经验，所以这次我也有了心理准备，从乐器到音乐风格的选择，甚至到最后音轨之间的强弱比例，我们都精益求精。其实说心里话，如果工作只是为了谋生的话，我相信和王导漫无绝期地工作，绝对不是很好的选择，因为它会耗尽你仿佛一生的时间和精力。而如果你是为艺术而生，那将是一件无比幸福的事，因为它会让你的人生绽放出更多绚烂多彩的可能。

最近和王导的一次合作，是他在纽约大都会博物馆的"镜花水月"展。展览的内容由大都会博物馆的服装部和中国馆联合制作，王导担任艺术总监，他以"镜花水月"为主题，通过视觉影像来展示中国元素在时装上的演化。在十几个不同的展厅里，王导会设置电影屏幕，让光影的世界来表达他的构想，而其中有四个展厅需要别出心裁，所以他请我为这四个展厅来创作专属的音乐。这次的难点在于急促的时间：展览从五月开始，而我接到王导的邀请的时，已经快四月了。每一个展厅的音乐，都需要创作近十分钟的音乐，四个展厅就是四十分钟，这么长的音乐，就算创作两三个月也属于正常，何况还有录音，真是一个大工程。然而在四月的前半个月，我在美国还有一个新作品的首演，这个中间有路程、有时差、有排练、有试音响、有演出，算起来王导给我的时间实在不够，他要在四月二十号拿到成品，因为要留给他十天的时间去大都会合成——也就是说，我只有三五天的时间来创作音乐，怎么想都是不可能完成的工作。

我跟王导建议，有没有可能用笙这一件乐器，来把他给我的"春、夏、秋、冬"四个主题全都表达出来？我如此想，其实原因有二：其一，笙是我这几年用心较多，体会较深的一种音乐语言，创作起来比较得心应手；其二，笙又非常能够代表中国的音乐特征，在音响里又能反映出中国式和谐的自然观念。我知道这是一个疯狂的想法，仅用笙为这样一个庞大的项目配乐，的确有点令人难以接受。可王导果然是王导，他知道减法的魅力，也感受到笙的克制之美恰恰是中国传统美学的核心所在，再加上王导本身对于传统文化的特立独行与不断追求创新的性格，所以在听完我对笙的阐述以后，他选择全面支持我的想法，用一攒笙来表达所有。

有了王导的支持，在后面的日子里面，无论在飞机上，还是在酒店里、在床上、在录音棚、在工作的路上，我都在不断地思考和创作。我的第一段作品"夏"，是在四月十二号左右完成的，非常神速，之后又完成了"春"的创作。当我回到北京时，在截稿日期的最后一天，我又完成了"冬"的创作。之后我把"夏""春""冬"三段音乐交给了王导，对他说，我可能在规定时间内，完不成最后一段"秋"的创作了。可王导在听完我的三段音乐之后，出乎意料地告诉我，其实"秋"已经在"冬"的里面了，他将"冬"的一段音轨拿出来，再加上风声，果然有一种秋风萧瑟的感觉——果然，和王导的每一次合作，即便身心憔悴，但是结果总是让人欣喜。王导的"镜花水月"展，刷新了大都会博物馆观展人数的最高纪录。虽然音乐在其中只是一个很小的元素，也正是藉此，我感觉到王导所具有的更宽广的艺术视野和不断突破的无限可能。

我感谢能遇见这样一位知音，可以给我这样的机会，使我一直沉溺于其中笙的音乐语言，在"春""夏""秋""冬"四首小品中得到了最全面的展示，让中国的笙音可以超越时空，跨越文化，从而飘荡在大都会博物馆中，萦绕、贯穿、映衬着古今之美。

我的印度兄弟 Sandeep

Sandeep Das，只比我大一岁，他是印度年轻一代鼓王，也是我最好的朋友。

我跟 Sandeep 认识是在 2000 年——这一年丝路乐团成立，我所排练的第一首曲子，就是和他一起完成的。因为中国和印度都是礼仪之邦，做事情也好，待人接物也好，都会非常客气，所以我们之间有很默契的一面，但是因为语言的原因，我们并没有更深入的相互了解。所以，我和 Sandeep 真正相熟起来，是在合作几年之后。

当我的外语熟练到一定程度以后，我才发现 Sandeep 以及他的身世原来是那么了不起。举一个例子，Sandeep 的记忆力特别厉害，我们演出时，只有他是从来不用谱子的。有时候一首新的曲子，他只要听完第一遍，第二遍就可以把节奏加进去，而且基本严丝合缝。他的这种超强记忆力是如何训练出来的，还得从 Sandeep 的老师说起。Sandeep 的老师是印度国家级的音乐大师，是一个非常严格的音乐传承者，Sandeep 九岁时就成为他的学生，就像中国以前师父带徒弟那样，扎扎实实跟着老师学了十一个年头。他的老师采用的是口传心授的教育方式，教 Sandeep 如何在音乐中挑战自己、成全自己、放大自己、表现自己。Sandeep 也从来没有看过谱子，全得硬生生记到脑子里去，所以他的记忆力很是强大。同时，也因为完全不需要看谱子，他的心手反应极其灵敏。无论在舞台上演奏什么音乐，Sandeep 都演奏得非常鲜活动人，而不是照本宣科，他的演奏空间，也就比我们大很多。

每次演出前，Sandeep 都会准备一个画架放在舞台旁边，上面支上老师的照片，摆上鲜花，点上蜡烛，好像是对老师的供养，也好像是对音乐的尊重——Sandeep 实在是很崇拜他的老师，所以我在和他演出的整个过程之中，听到了许多 Sandeep 和他老师的故事：Sandeep 的老师住在印度的乡下，他在那里有几亩地，还修了一个小小的音乐厅，每天晚上他都会在这里演出。所有演出都是免费开放，对周围的邻居、村里的居民，永远是不要钱的。Sandeep 的老师当然也出国演出，但对于国外的演出，他的要求非常严格，价钱没得商量，少一分钱也不会去——他更

在印度德里演出前的排练（2010 年）

喜欢在乡下居住和演出，回到最传统最原始的状态。

　　Sandeep 说，有一次他和老师到美国演出，但在试音时，老师发现背后挂的是美国国旗，于是老师提出了要求：既然挂了美国国旗，那也请挂上印度国旗，因为我是一个印度人。如果不挂印度国旗，今天的演出我就不演了。主办方惊呆了，于是发动所有人出去找印度国旗，当天晚上的演出，舞台上果然挂了美国和印度的国旗，Sandeep 的老师就在国旗下面演出——他就是这样一个严厉且有原则的人。

　　Sandeep 的老师获得"莲花勋"荣誉的时候也发生了一件

很大的事情：Sandeep 和他的老师从乡下到德里去领奖，这是印度最重大的一个奖，颁奖典礼对全印度直播，由印度的总理给他颁奖。Sandeep 和他老师来到德里之后，就匆匆来到颁奖所在的剧场，过安检的时候，保安要求 Sandeep 打开包裹鼓的乐器包接受检查，否则就不能进场。于是，Sandeep 的老师说，今天我们是来演出的，如果不信任我们的话，我们可以不演。说完这句话，便带着 Sandeep 离开了剧院，并打车回到酒店休息。果然没过多久，剧场的保安队长就打电话过来道歉，但 Sandeep 的老师并不接，紧接着又是更高的领导、电视台的领导一一打来电话，依然没有用。直到最后总理办公室打来电话，Sandeep 的老师才接电话，并提出了两点要求：第一，不能再无礼地对我安检；第二，我的奖要从观众手中接过，给我颁奖的人不能是总理，只能是观众。于是，总理也只能同意了，然后他们才去接受这个奖项。

我听到这个故事以后，觉得特别激动，因为没想到印度会对艺术家如此尊重。再有就是，我在 Sandeep 老师的身上，发现了艺术家应该具有的品质，而 Sandeep 其实也传承了这种品质，在舞台上，拥有更多的自信和专注。

Sandeep 是一个非常开心的人，他跟每一个人都可以成为朋友，是每个人都非常喜欢的阳光型音乐家。但我在认识 Sandeep 大概十年以后，才从别人口中得知，Sandeep 和他的家庭一直以

印度的音乐会总有鲜花为伴

来都被一个阴影所笼罩着，而且在被恐吓的状态下一过就是近二十年。

Sandeep 的父亲是印度最高检察院的一个法官，他曾经在二十世纪九十年代末处理过一个案件：当时印度电话局的一个领导，在安装电话的过程中受贿——印度的固定电话就和中国八十年代时装电话一样复杂，要排队和申请，一等就是半年或一年。在等待的过程当中，这位领导收了不少灰色收入。当 Sandeep 的父亲拿到证据以后，就要起诉他，然而就在起诉的头一天晚上，他们家接到了一个匿名电话说，明天在法院上要起诉的这位领导，法官必须当庭证实他是无罪的，否则就会死。Sandeep 的父亲不为威胁所动，在法庭上指证了犯罪的领导，结果在离开法庭的时候被枪杀了——事情还没有结束，紧接着 Sandeep 家又接到另外的匿名电话，警告 Sandeep 一家不能借此起诉，如果起诉，全家人都会挨个死掉。Sandeep 一家有七口人，Sandeep 的妈妈和三个儿子商量：接到这个电话该怎么办？我们到底起诉不起诉？ Sandeep 和他的兄弟们都认为必须再起诉，但如果起诉，那么家庭成员就会有危险，怎么办？

最后，Sandeep 的妈妈这样说：我有三个儿子，三个儿子如果死了一个，还有第二个，死了第二个还有第三个。我三个儿子全死了，还有他们的媳妇，我三个媳妇都死了，还有我自己。于是，Sandeep 全家人继续无畏地起诉那个电话局长，但因为证据不足，始终没有成功。而 Sandeep 这么多年也一直被恐吓说，除非他们家撤诉，否则别想再演出，但 Sandeep 从来不为所动。直到 2013 年，这场官司打了差不多快二十年后，印度的警察在 Sandeep 家浩如烟海的胶卷盒里面找到了一个废弃的胶卷桶，在里面发现了 Sandeep 父亲留下的关键性证据，终于将那个电话局领导告倒——之后，Sandeep 也就带着他的全家人移民到了美国，现在住在波士顿。

随着在音乐中更多的合作，我和 Sandeep 成了非常非常亲密的伙伴，甚至我们都认为互相是亲如兄弟般的存在。他是我音乐上的兄弟，也是生活中的兄弟，他每一次来，都会去看我的妈妈，而我每一次去印度，也都会去向他妈妈问好。我去波士顿演出时，Sandeep 就带我去他的新家看，马友友亲自给他选的房间。那里果然是非常好的风景，虽然房间并不大，但很温馨，家具都是丝路乐团的朋友们购置好的，Sandeep 一到美国，这个房子就可以安心居住了。

如今，Sandeep 已经有了两个女儿，大女儿现在十四岁，小女儿八岁——Sandeep 的小女儿显然是打印度鼓的好材料，现在打鼓打得非常好。当我去他们家的时候，小女儿还打印度鼓给我听。

翻译中国皇历的夫妇

我认识一对很有趣的夫妇，Ken 和他的太太李正欣。

那是在 2001 年的时候，丝路乐团开始了第一次在欧洲的巡回演出，我第一次认识了作为自由撰稿人的 Ken Smith（中文名字叫司马勤），因为我当时的英文有限，所以跟他的交流甚至没有太深的印象。而在那次演出之后，Ken 却给我写了一篇很长的专访，后来当我们成为真正的朋友，他却再也没有给我写过文章，这是一个西方乐评人的职业规则：一旦你和采访对象成为朋友之后，难免夹杂主观印象和感情因素，所以，最好停止再写关于此人的文章，因为乐评人需要尽量保持最客观的角度。然而，当我发现这个现实的时候，我们已经成为朋友很多年了。

第二年，在 Ken 的引见之下，我认识了他后来的夫人李正欣小姐（Joanna Lee）。她是香港人，在英国皇家音乐学院学习钢琴之后，又在美国哥伦比亚大学读了音乐学博士。毕业后，她先在美国做了很多基金会以及乐团的工作，之后又回到香港大学教书育人。2002 年，她开办了自己的公司缪思坊，并一直从事文化交流工作。在纽约演出的时候，李小姐非常热情地给我介绍当地的音乐家，并且推动我和艺术家们合作演出，真是令我感激不已。然而我要写他们两位，主要的原因还是他们的生活和工作状态太特殊了。现在，在中国成功学泛滥的一个社会环境下，这两位的状态倒非常值得说一说。

在生活当中，Ken 夫妇一直追寻的是他们的本分，或者说，他们认为最重要的文化使命感，我们可以轻易在美国纽约卡内基音乐厅、旧金山歌剧院、国家大剧院以及很多重要的音乐盛事中找到他们二位的名字。他们或是参与策划，或是参与翻译，或者是背后的推动者和组织者。与此同时，多年来，他们一直都在做着将中国的传统古籍义务地翻译成英文的工作：他们义务地翻译了六年中国的皇历，同时，也将《论语》《孟子》《道德经》编辑、翻译成了英文，并且以口袋书的形式提供给博物馆，以供大家阅读。

他们的这种跨文化的合作，无论是工作还是生活，都给他们带来了极大的便利。其实，如果他们以此作为商业行为，应该会有很大的收益，然而，Ken 夫妇却从来不去考虑这些，因为他们只做自己感兴趣的事情，并且只关心如何把他们喜欢的工作做到最专业、最地道。从这一点来说，我十分佩服他们。

作为对 Ken 十几年前给我写过报道的回应，这一次，我也跨界当了一次记者，将这对翻译中国皇历的夫妇，以采访的形式呈现给大家。

吴彤：你们一共翻译了多少年的中国皇历？你们自己是否相信中国皇历？

Ken：我们第一次出版的是 2010 年的皇历，迄今为止，我们在六年中已经做了六本中国皇历的翻译工作。现在，正在筹备 2016 年皇历的出版，也就是第七本中国皇历。虽然现在已经是二十一世纪了，但我们觉得皇历依然有其存在的意义，这不是相信或者不相信的事，而是你是否选择去相信，或者去了解这种先人所流传下来的生活方式和经验。虽然时至今日，那些当时的禁忌和适宜未必适合今天的社会，但这毕竟是一种古老文化的记忆。所以，我们做中国皇历的初衷，就是为了保留这种古老的事物、古老的元素。很多人说这些是迷信，是不可信的，但其实不管迷信不迷信，它们都是这个民族的历史中特有的一部分。祖先们根据自己的经验和教训写下了什么样的事情可以今天做，什么样的事情不能今天做，这其实是一种表象。在深层次里，我们可以通过这些古老的禁忌事宜，来了解中华文化和历史从最原始开始繁衍的过程。

李：西方人也有西方人的"皇历"，他们一样用太阳、月亮、星星来预见天气变化，这种"皇历"给农民使用，很类似中国的"农历"——而中国的皇历比西方的"农历"更加精准，而且不光着眼于耕种，更是规定了一系列细致的禁忌，而人们可以根据这些规定来安排自己一天的生活。在西方的传统里，也有类似的"迷信"，比如星座，根据你的出生年月日，用所属的星座来推断你的一生将会怎样。到现在为止，西方人都十分相信星座运程，所以，他们对于我们翻译的中国皇历非常喜欢和欢迎。当他们接触到中国皇历的英文版本后，他们从古老的中国皇历中得到了某些生活的启发，因为他们愿意相信皇历上的说法，就像相信星座学家告诉他们的每日运程是一个道理。所以我们觉得，翻译中国皇历是一件很有意义的事情。

吴彤：你们为什么选择翻译《论语》而编辑成《孔子》？

李：把孔子的话翻译给西方人，其实早在当年传教士进入中国的时候，就已经这样做了。第一个把"孔夫子"翻译成英文的人，是英国传教士詹姆斯·里雅各（1815—1897）——先人们早就把孔子的思想带到了西方，而我们，只是效法先贤。

Ken：起初，我们是想把孔子自己说的话做一个编汇，《论语》里有很多孔子和学生的对话，这和希腊的苏格拉底非常相似——而我们看中的是孔子本人说的话，也就是"子曰"。因

为在西方的《圣经》里，每逢耶稣说的话，都会用红字来印刷，
而《论语》中的"子曰"，我们觉得也很重要。孔子说的话，
其实包含的内容很多，给人们很大的想象空间，而我们撇开了
所有的其他东西，只是纯粹地把孔子说的经典话语翻译出来。
于是，就变成了《论语》中最核心的思想内涵，所以大家非常

翻译中国皇历的 Ken Smith 夫妇

喜欢看。

李:《孔子》成功以后，我们还想着手老子的《道德经》——《道德经》很有意思，也有人研究说它是《德道经》，"德"和"道"哪个在前面其实很有争议。于是，我们干脆就出了两小本，一本是《道》，一本是《德》，可以选择先看一本再看另一本，大家可以根据自己的喜欢自由选择。

Ken：为了编辑和翻译好《道德经》，我们收集了很多《道德经》的英文版本，大约有十来种，分别来自不同年代的翻译，后来我发现这些翻译也很有意思。最近这些年翻译的就看着很明白，而那些十九世纪、二十世纪翻译的《道德经》，和我们现在的语言方式有些不同，虽然能看得明白，但的确有点怪。翻译家是很有意思的，我们现在是 2015 年做翻译，OK，所以我们用的词语，是给 2015 年使用英语的人来看的。要是你看那些十九世纪、二十世纪的人翻译的话，他们当年的英语表达，以我们现在的眼光看，是看不明白的，有一些觉得似是而非。有的翻译太过繁复，老子说了五个字，翻译却用了三百多个字，几乎把所有注脚都加了进去，这样就丧失了不少韵律感。但也有的翻译，老子说了五个字，他只用了十来个字的英语就翻译完了，这又过于简单了。所以我们翻译《道德经》，是逐字逐句地翻译，一句句念出来，找到真正的感觉，才写下了翻译的定稿，反反复复，总觉得还有很多文字表达不到位，还要再改。

于是，真的用了很长的时间才完成《道德经》的翻译和编辑工作。

吴彤：如何定义你们所做的工作？文化活动家？音乐学者？还是其他？

Ken：传统的学科通常教给我们更深层的智慧，例如，医生看世界的角度是希望治愈疾病，而律师则希望这个世界可以更有秩序，历史学家则考虑如何再现历史上的黄金时代，Joanna（李正欣）是在通过音乐来界定文化。而我学习的是新闻学，毕业后我的第一份工作，就是为美联社采访报道 1988 年的总统大选。从新闻学的角度来说，真相不一定在历史中，真相很有可能出现在你联系了很多表面的东西之后。所以，谈到政治离不开经济，谈到历史也离不开文化，我的报道工作需要广泛的积累。我并不认为我就是音乐评论家，就像 Joanna，你可以称她音乐学家，但是，我们为什么要翻译皇历呢？为什么要把美国得克萨斯州的传统音乐（拉丁美洲和德国的侨民融合发展出来的民族音乐）带到香港？为什么把北方昆曲剧院带到印度呢？当然，我们也试着做一些关于未来的商业计划，但是，我们不认为那是最好的方法，因为有时候变化比计划更快。你看中国，其实每两年就会有很大的变化。

李：我们不太喜欢用固定的模式来定义我们的工作。我是钢琴专业，而我学习的音乐的研究方向又是德国的现代音乐，但是我对中国的现代音乐又非常感兴趣。而且，在英国的《新格罗夫音乐与音乐家辞典》（New Grove Dictionary of Music and Musicians）中，关于介绍中国现代音乐家的文章都是由我撰写的。但是这些年我们从事的文化活动，无论是卡内基音乐厅，还是百老汇，又都是以顾问的身份参加的。因为他们发现，无论节目部、艺术部，还是市场部都需要我们。除了艺术方面，在汶川地震后，我还作为美国前总统卡特的翻译，帮助他在四川开展了仁人家园重建家园的计划。所以，你问我该如何定义我的工作，我只能说不知道。哈哈……

四 PART FOUR

往

事

们

W U T O N G ' S
· V · I · E · W · S ·

■W■U■T■O■N■G■'S■
• V I E W S •

父亲的微笑

　　我出生在1971年，当时正值"文革"。因我生下来相貌异常，浑身通红且长发披肩（也不知道后来搞摇滚跟这有没有关系），父亲就给我取名叫吴彤，这个"彤"字有红的意思，专指天上云彩的红色。多年后我仍暗自庆幸，他没给我取个"卫东""小兵"之类的既无美感又容易叫重的名字，然而这些心思，慑于父亲的威严，我是不敢对他说的——印象中，父亲对我总是不苟言笑，越是这样，他几次难得的微笑倒令我难以忘怀。

　　父亲与我有关的第一次微笑，是母亲多年后告诉我的。据说在我出生后不久的一个夜晚，父亲下班后把我们母子从医院接回家，秋夜的北京南城清冷萧瑟，昏暗的街灯下，父亲抱着红彤彤的我笑得合不拢嘴——想来他当时正受到运动的冲击，灰暗的人生因我的到来而多了些希望。人生本有高低起伏，但父亲遭受的坎坷恐怕不是哪个编剧能想象出来的。他一生刚正不阿，最大的愿望就是加入中国共产党，可就是这个愿望，努力了一辈子也没能实现。新中国成立后，他把我们家的老字号"宏音斋"交给政府，并与另外几家知名的乐器作坊联合成立了第一乐器生产合作社，即后来的北京民族乐器厂，又打破行业技术保守的旧习第一个开门收徒，把祖传的乐器制作技艺贡献了出来。

"文革"的时候，他的徒弟把他斗成了反动技术权威，在几平方米的小黑屋里一关就是九个月，只有每天中午能和其他"反动派"一起押送到厂区外面游街——而母亲总是带着姐姐远远地躲在街角，焦急地寻找着父亲的身影，确认他还活在这个世上——他们都是低着头不许向两边看的，头上戴着高帽，胸前挂着牌子，帽子和牌子上写着他们的"罪名"。这样没日没夜的折磨，总算熬到了平反的一天，最后得来一句"当时抓你是对的，现在放你也是对的"，就这样不清不楚地被放回来了。在那个年代，错与对谁说得清？又能跟谁说去？但无论如何，父亲还活着，而且有了自由。乐器是不许他做的，他的工作只能是清扫厕所和看管自行车，就在无边的压抑与苦闷的日子里，我闯进了他的生活。

"这孩子生有异象，长大后一定有所作为。"襁褓中的我是他生命的延续，或许会是他的荣耀和未来——父亲抱着我走

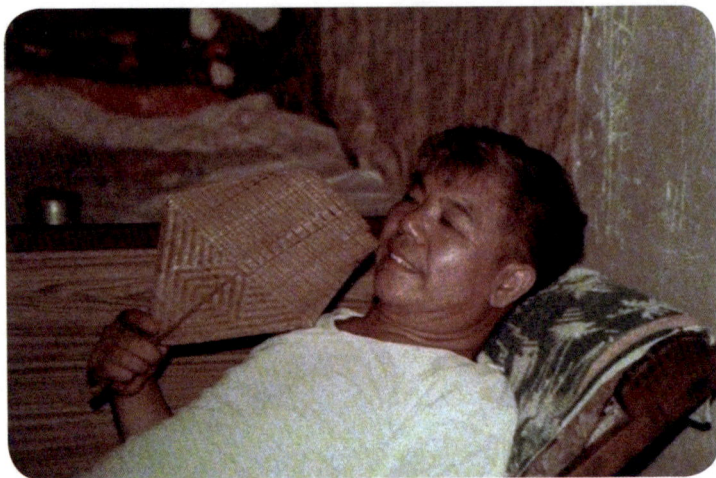

父亲看我练琴时的标准姿势

在回家的路上该有多高兴，笑得多开心，我可以想象出来。

二十世纪七十年代，社会上流行一种叫向阳大院的社区活动。白天不上班的大爷大妈戴着红袖章外出"巡逻"，晚上大家会集中在院子里，批林批孔、唱革命歌曲。三岁的我就被父亲抱到凳子上，头上一个电灯泡，一招一式地唱着《红灯记》，成了远近闻名的"小神童"。到了我五岁的时候，父亲就开始教我吹笙了。那是他亲手为我制作的红木笙，音色洪亮，但分量很重，把我的小手磨破了也不能停止练习。父亲最常对我说的一句话就是"若要人前显贵，就得人后受罪"，于是，我的全部时间除了吃饭、睡觉、上厕所，就是克服一个又一个吹笙的技术难关。为了让我成才，父亲几乎没有自己的爱好和生活，每天下班后从不探亲访友，总是径直回家看着我练习。他真是用尽一切方法，包括眼神、怒火、耐心和惩罚，不厌其烦地把我引入了音乐的大门——现在的我，刚好是他那时候的年龄，扪心自问，父亲的确为我付出了太多，可当时的我哪里知道感激？听着外面院子里小伙伴们的游戏随着季节花样不断，夏天粘知了、打水仗，冬天放鞭炮、堆雪人，捉迷藏、跳皮筋更是四时皆宜。可我只有面对着他严厉的面孔战战兢兢地一遍遍练习，一边演奏着一边心里想，我到底欠了他什么？要无端遭受这般单调枯燥的音乐惩罚？我甚至猜测，他是个潜伏在我家的美蒋特务，专门来毒害我这棵祖国的花朵的。

我考上中央音乐学院附小之后，妈妈出去短暂地工作了几年，从放学后到他们下班回来的这段时间里，只有我一人在家。父亲怕我偷懒，发明了一种监督我的方法：他留下十盘录音带，让我一回到家就摁录音键开始录音，以此记录下我是否在练琴，以便他回来审听。这样一来，我再想偷懒也是没辙，心里自然一百个不情愿。墙上的乐谱像是我的坟墓，每个音符书写的样子到现在都记忆犹新，但再不喜欢，也不能不弄出点声音来填满录音机，于是，只好百无聊赖地演奏着。慢慢地，我开始不按照乐谱吹奏，反而胡乱吹起来。这样一乱吹，时间好像过得飞快，就像随着自己的心开始了音乐的旅行——好多年之后才明白，原来这种乱吹也可以叫作"即兴"的。

就这样，在父亲的安排下，我不停地练习、表演，从胡同里的向阳大院，再到区里、市里，直到全国的舞台。十一岁那年，我参加了全国少年儿童民族器乐比赛，不久后的一个黄昏，我从学校回到家，而爸爸和姐姐也刚从少年宫看完比赛回家了。我记得当时屋里很暗，还没点灯，父亲压低声音对我说没有看到我的名次，我无可奈何地低下了头。正想着应该是别人比我演奏得更好时，旁边的姐姐憋不住，急催着父亲赶紧告诉我实情。父亲沉默了一会儿，突然笑起来，他拉着我说，你得了少年组的金牌，而且是少年组最小年龄的获奖者。那时的我，几乎不知道获奖意味着什么，但我真的被父亲的笑容吸引了——他那时的笑容自然而慈祥，几乎照亮了我整个"黑暗的童年"，成为我童年记忆中快乐的制高点，直到现在我还记忆犹新。

上初中之后，他再没有体罚过我，我想这一定是他深思熟虑的结果，男孩子大了应该有自己的尊严。每当我犯了错误，他只是责怪自己教子无方，这反倒让我无颜以对，这个威严得如同山一样的男人怎么能有错呢？还是在自己孩子的面前。我恨不得找个地缝钻进去，于是尽量不去惹他生气。除了完成学校的各科考试以外，假期的时候，父亲会带着我向他的演奏家朋友——求教，他自己是民族管乐器制作业的大师，演奏家最心爱的乐器大多出自他的双手，而父亲带着我去拜访他们的目

白衬衫、蓝裤子、红领巾，少年时代演出服的标配。

的，大家自然明白，所以都慷慨地把自己的绝技传授于我。然而，我毕竟到了叛逆的年龄，除了大师们的小灶以外，我又渐渐迷上了摇滚乐。

1991 年，刚上大学的我和几位同学正式组建了轮回乐队，排练、写歌经常通宵达旦，爸爸的眉头又一次紧锁了起来。有

向刁登科先生学习双管

时候我的老师会告诉我，爸爸会背着我问他们摇滚乐是什么？会不会让我学坏？能不能在未来支撑我的生活？可是谁能阻止我那份冲动和激情呢？那时候他已经半身不遂了，我们同住在一个两居室里，每当我写歌看书到半夜的时候，他总是拖着不便的身体轻轻推开我的门看看，有时会问我饿不饿，要不要给我做点东西吃。看我这样努力和投入，他似乎渐渐地接受了我的选择。

在那个年代，中国摇滚乐的演出和录音机会是很少的，轮回乐队的第一张专辑几经波折，直到 1995 年才正式出版。本想专辑一出，可以在事业上有个飞跃，但理想与现实不同，有太多的问题我们从未遇到过，更无力解决，除了音乐，我们对社会知之甚少。是放下还是继续走？我犹豫了。心中这样想，可嘴上是决不会说出来的，我习惯了把最好的一面证明给父亲看。但父亲好像看出了什么，总是问我要不要和他聊聊，我固执地认为，他并不会听得懂我的梦想和坚持，毕竟是我们这个时代的事——就这样，我始终没有向父亲敞开心扉，说出我的彷徨和苦闷。

父亲那时已经第三次脑出血，他硬是靠着惊人的毅力和锻炼，让自己几度瘫痪的身体奇迹般康复了。他一生要强，决不愿给人添麻烦。晚年的他总是坐在客厅的沙发中央，身体摇晃着，习惯性按摩着自己麻木的手臂，像是一块庄严而精准的钟表不停地摇摆着。我依旧忙碌着我的梦想，白天不起，晚上不睡，睁开眼就忙不迭地往门外冲，赶着那些数不清的排练、采访和酒局。直到父亲迎来了他最艰难的日子：与癌症的较量。两次外科手术和放化疗，不到一年就把他彻底放倒在了床上。最后几个月，我一直守在他的床前，多年的糖尿病使他手术后的伤口一直不能愈合，留下了拇指深的一个洞。疼痛一直伴随着他，即使最强效的止痛药也只能缓解片刻，有时候父亲会疼得昏厥过去，疼醒之后也只是倒吸着凉气，从不会迁怒别人。

有一天黄昏的时候，家里只有我们两个，我照常服侍他换药、喂药，另外又加上了清肠，他紧闭着眼，任我熟练地操作着。沉默许久之后，他慢慢睁开眼，脸上露出一丝艰难的微笑。他一边比画着一边缓缓说："谢谢，我好多了。"我从他的笑容里面看到了他对生命的无奈，还有对儿子的歉疚。我实在不敢直视，于是低着头胡乱说了些安慰的话便岔开了。

　　或许父亲是不愿意再给别人添麻烦，第二天他就默默地、永远地走了，没有留下一句话。

　　我终究没能和他有一次彻底的男人之间的交谈，这对我对他应该都是个遗憾。父亲想为我做的，我应该只察觉到很少的

旷考走穴（1989年）

一部分，在这个世界上还有哪个男人会这样对我？只可惜，这些是在失去他以后我才发现的，我突然有那么多问题想问他，关于他和母亲的爱情，关于他的梦想和遗憾……然而我只有回忆了。

说来也怪，就在他离开我们之后不久的一天，当我想他的时候，我忽然感觉他似乎就在远方高高的天空上，微笑着注视着我，依旧没说一句话！

■W■U■T■O■N■G■'S■
· V · I · E · W · S ·

精神与风骨

　　日本匠人所生产的器物与他们的"匠人精神"最近很受关注：几代人只做某一样手艺，守得住寂寞，用手的记忆去传承那些失落已久的精神，的确值得尊敬——然而对于我来说，我的家族、我的父亲，其实一直就在做这样的事情。这种精神和风骨就切切实实发生在我身边，耳濡目染，它带给我的影响远远胜于其他，而且更加生动立体。作为那个时代最著名的民族管乐制作大师，父亲在制作乐器上倾注了最大的热情和专注，而在这份手艺的背后，是一颗正直而真挚的心。

　　在我的印象里，父亲一直是个严厉的人，他认为对的事情，就必须要按照他的方式去做，无论穿衣戴帽，还是见客人时礼貌地打招呼……各种各样的细节他都会挂在嘴边，"别出去给我招骂，说你家里大人没有教养。"其实他这样要求我，对自己更是严格，他是一个对社会充满了担当与责任感的人。

新中国成立初期，北京的乐器制作业只有几家私人作坊，我家的宏音斋就是其中一家，后来几家作坊联合在一起，成立了北京第一乐器生产合作社，这就是北京民族乐器厂的前身，我父亲一直担任乐器厂的管乐车间主任。父亲进厂后，拿的是高级工程师的工资，后来大家都涨工资了，父亲的工资也有几次机会可以提升，但都被他拒绝了。原因很简单，他认为这钱应该涨给更需要钱的人——所以，父亲的工资数额一直不变，三十年来从没涨过。在七十年代的时候，乐器厂流行过一种"计件工资"制度，就是说由制作师制作乐器的数量来计算工资和奖金。这样的制度当然有"激励"作用，大家都在拼命追求制作的数量，越多越好，而我父亲却第一追求质量，他认为，每制作一件乐器，就必须是一件精品。父亲每天都是乐器厂第一个上班和最后一个下班的人，更多的时候他还得熬夜加班，然而就算如此，父亲生产的乐器数量还是远远低于其他人。所以，每个月他不但拿不到奖金，就连基本工资都会被扣掉不少。然而父亲不后悔，在他看来，生产乐器的数量再多，如果质量很次，那么乐器不但变成了废物，甚至还会浪费上好的木料——乐器是父亲的心血，他不允许出现不完美。

乐器是用来演奏的，对于演奏家来说珍逾性命，一件好的乐器可以表达演奏家的内心，给他在舞台上带来更多的光彩，赢得更多的掌声和荣誉。而中国的民族音乐种类繁多，不同的音乐家对乐器会有不同的要求，所以父亲认为，一个好的演奏家必须要和乐器制作师深度沟通，将乐器量身定制甚至改良与发明，将其制作出最佳的状态。比如"中音加键唢呐"，就是我父亲与刘凤桐先生共同研发的新乐器：当时，为了配合大型民族管弦乐团的建立，丰富唢呐的中低音声部，我父亲和刘凤桐先生花了几年的时间，借鉴了西洋管乐器的摁键方法，从而发明了"中音加键唢呐"。这个划时代的发明，其实就建立在

父亲在工作中

我父亲和演奏家的亲密关系和配合的基础上。

父亲在"文革"中受到冲击之后，退休赋闲，而他那些相识多年的音乐家朋友又找到家里来，希望他能继续制作乐器。于是事隔三十多年，吴氏管乐又开始挂牌经营，父亲就在家里的一个角落支起了工作台，车、锉、磨、钻，终日不停。只要演奏家有制作乐器的需求，父亲从不拒绝，多年的心脏病、高血压也不放在心上，后来得了糖尿病，他还是没停下手里的活计。记得有一次，海政文工团的管子演奏家张继贵先生来到家里，请父亲赶一个急活。因为第二天早上他得坐飞机去美国演出，急需一只 D 调唢呐。于是我父亲一夜没睡，第二天天亮的时候果然把唢呐做出来了，交到了张先生手里。但是张先生走后，我父亲当天就得了脑血栓，进了医院，算是落下了病根。此后，父亲又犯过几次脑血栓，一直到他去世，身体都还是有些不便的。此事父亲没再提过，他认为这是他自己的原因，他也不让我们跟张老师讲——父亲的敬业和担当，由此可见一斑。

父亲爱他的手艺，也得意他的手艺，但他更珍惜他的朋友们。父亲的生日是九月九重阳节，从八十年代末到九十年代初，每逢他的生日，都会在我家这不大的空间里面，宴请来自北京甚至各地的管乐演奏家们。大家开怀畅饮，鼓乐喧天，他的生日几乎成了京城管乐界的盛会。我记得他过生日那天，我们会很早起床，把床上的被子拿到邻居家里去，然后拆了床，把床板凳腾出来拼成桌子，几张床连在一起，这屋子里面大概就能坐几十人。有的时候客人来得多，演奏家来得多，我们还会借邻居家的房间，再开上几桌酒宴。每当酒过三巡，大家兴致正高时，演奏家们自然就会把乐器拿出来，各显神通。那时候的演奏真是太生动，太鲜活了，比任何一场音乐会留给我的印象都深刻。父亲总是微笑着欣赏，有时候自己也会吹几下，但是他最关心的还是大家有没有吃好。如果哪个人喝酒喝得很开心，以至于吐了，他就会认为这个人是喝高兴了，自己也非常开心。但如果有些人当天没有吃好，他总是会第二天再给某些人打电话，重新在家里支上火锅，涮一回羊肉，按父亲的话说："招待不周，咱今儿接着吃一回。"父亲就是这样的人。

如今人们重新提起"匠人精神"，我是既欣慰又伤感：欣慰的是，这种精神现在终于又被我们慢慢地重视起来；伤感的是，其实这些精神就体现在我们身边，从未走远但却无人问津，如今反而要被重新呼唤了。其实，无论匠人、手艺人，还是生意人，信誉都是第一位的，产品做得偷工减料，信誉也就没有了，无论如何不能几百年地传承下去。作为一个制作者，要将每一件从手中经过的产品都用上心力，这是技术的标准，也是良心的标准。

我始终记得，父亲的墓碑上有这样的碑文："吴仲孚先生为人坦诚，刚正不阿，他的一生是坎坷的一生，也是为民族管乐制作改革发展而奋斗的一生。经他制作的乐器遍布五湖四海，也正是这成千上万的乐器在演奏家的手中，吹奏出了我们民族那坚韧不屈的豪壮气节。"

所谓"匠人精神"或是"大师风骨"，不但要有过硬的手工技艺，更要有无限的敬业精神，以及一颗正直而伟大的心。

吴氏炒饼

　　一门手艺能在一个家族里传承几代，靠的是专注与细致。在这种家风里生活的人，自然做什么都肯琢磨，干什么都会一丝不苟。这种专注与细致体现在生活的方方面面，比如说做菜：父亲其实很少做菜，但家里厨艺最好的正是他。若是贵客登门，父亲一定会下厨做几个拿手菜：肉饼、焦熘肉、红烧肉、米粉肉……虽然那个年代物资匮乏，但父亲依然要隆重地做几个肉菜来招待——但对我而言，其实最有意义的一道菜，是家常炒饼。

　　说起家常炒饼，其实还有一段故事：新中国成立前，我们吴氏管乐的招牌叫作"宏音斋"，坐落在如今和平门烤鸭店的那个位置。那个地段以前属于平民东市场，宏音斋就是平民东市场正门口的一座二层小楼。宏音斋前店后厂，我爷爷和我父亲经常就在这个厂子里制作乐器，前面这个店面每天都有不少乐手、吹鼓手或是音乐爱好者聚集，真是笙箫悦耳。不料有一年冬天，有个乞丐在平民西市场门口烤火时失了火，火借风势，从西市场一直烧到了东市场。宏音斋被烧了个精光，虽然人都逃了出来，可家里的所有乐器以及吃穿用住全都没有了。以后的生活实在很艰难，好在还有人来修理乐器，家里人没有办法，只能把修好的乐器先搁到当铺里换些钱，买袋面粉卖炒饼补贴家用，等人家拿钱来取乐器，家人再用得到的钱把乐器赎出来还给人家。就靠着这样拆东补西，度过了最难的日子。父亲和姑姑们会烙饼，烙完饼后配菜再做成炒饼——因为炒得精细，味道又好，有不少人甚至专门从北边德胜门跑到和平门来吃我家的炒饼。一时间，"吴氏炒饼"也变得远近闻名起来。

炒饼虽然是最普通的家常，但要好吃，的确得花心思、下功夫。"吴氏炒饼"最重要一点就是"饼脆菜香"——开火先用葱花炝锅，然后迅速加入圆白菜或者豆芽儿，微炒几下就可以淋酱油，然后就可以下饼了。焖炒饼时千万不能加水，因为之前的圆白菜和豆芽里面已经有水分，再加水就不好吃了。这个时候铁锅盖上盖，一定要用小火，焖到饼已经有点焦的时候，四周还可以再加一点油，让它更脆。最后快出锅时，加上菠菜稍微一拌，再放韭菜炒几下就可以了。因为菠菜炒得时间稍长，就容易变色不好看，韭菜更是这样，稍久一点就老，不好吃，所以，韭菜和蒜必须得最后加，然后一出锅，准好吃。做菜和做乐器其实是一个道理，就是想方设法把它做到最好，还得仔细研究其中的门道，比如说这炒饼怎样炒，口感才最好最脆，和饼一起炒的菜，又要用怎样的手法和程序去炒，才能让各种菜都炒熟且吃起来口感不同……这道炒饼，重在搭配和火候以及程序，透着一股属于手艺人的细致和专注。

对各类事物拥有细致的观察力，是一个手艺人成功的必备素质。如果没有过目不忘、细致入微的观察力和洞悉力，只怕不但手艺不精，就连学做菜都是一件麻烦事。我父亲的观察力就很厉害，很多菜都是他看一眼就会的：在新中国成立前，父亲曾在街上看到一家饭馆的抻面特别好，他被这家抻面师傅的身姿深深吸引，所以他愣是站在雪地里，隔着窗户把人家抻面的手艺看进了眼里，融会贯通，回家就能制作——后来家里来了客人，父亲就会露一手，他抻的面细得像头发丝，非常厉害。也正因为有这样的本事，在我们家做出一份极具特色的"吴氏炒饼"也是顺理成章的。

这道"吴氏炒饼"，甚至还改变了我爷爷的命运：当时，有一位在中央戏剧学院教书的老师叫杨大军，他也是位演奏家，因为爱吃我爷爷和我爸爸做的炒饼而有了交情，成了朋友。杨老师知道爷爷会吹管子也能做管子，当时正好赶上新拍现代剧《小二黑结婚》，所以他问我爷爷能不能在一周内做一根管子，然后参与《小二黑结婚》的配乐演奏。爷爷答应了，只两天就做出了一根管子。于是，历史上《小二黑结婚》演出的第一场，就是我爷爷吹的管子——这说起来，还真是炒饼的缘分。

我是北方人，炒饼类的面食是我的最爱，所以，家里的特色炒饼对我更是具有非同一般的吸引力，尤其是炒饼出锅后再加点醋，那个香味绝对要引得我吃两大盘。说实话，当我非常想念这炒饼的味道，自己又不会做的时候，就会请姑姑来家里做，或者到她那里去吃——姑姑其实也继承了家里的专注与细致的精神。她要是来我家做炒饼，油盐酱醋葱姜蒜都会自己先准备好，各色配菜也是自己去挑了洗好切好再带来，连饼都提前烙好，只用我家的火和铁锅——为什么这么麻烦？因为她得保证味道，调料用自己用熟的，配菜得选当天最好的，自己烙的饼层多，炒起来特别入味。这些细节能够保证炒饼的品质不变，如果只是临时用现成的材料，那怎么行？必须得亲自把每一个细节都处理好，再把火候把握好，这样才能做好一道美味的炒饼。

说是炒饼，其实也是做手艺人的道理——没有专注与细致，就没有好手艺，出不了好作品。

怆然记

　　我的老师曹节，1949 年出生，祖籍河北昌黎，自幼学习书法，遍临颜柳欧赵，号清风草堂主人。"文革"期间，他被安排进了建筑公司，成为一名木匠。曹先生热爱音乐，终日与笙管雅韵为友，曲不离手。后来，他的建筑公司承接了一项工程，兴建电影文工团乐队的排练大厅，看着庄严高雅的音乐厅，他心中充满渴望，希望有一天可以作为演奏家出现在这个艺术殿堂——事实上，曹先生后来果真出现在那里，因为他已成为电影乐团民族乐团的团长。按现在的说法，曹先生的人生堪称励志，但如果仅仅把他看成自强不息的成功典范，恐怕还不够全面。在我心中，他是一位境界高远的艺术大师，也是一位学识广博的布衣学者。

认识曹先生的时候，我还在上中学，青春期的热血在胸中激荡，也伴随着一种难以发泄的躁动与焦灼。卓尔不群的曹先生一出现，顿时让我眼前一亮，后来他成为我一生中引为标尺的楷模：曹先生是个奇人，不但以笙的演奏技艺闻名于世，对单管、双管、笛、箫、唢呐也是样样精通，且件件乐器都有独到的作品问世。曹先生与父亲是忘年交，经常来家中做客：他衣着朴素，平淡无奇，头发偏长，总是胡乱地翘着，好像这世界上从来没有梳子这种东西。他温文尔雅，高度数的眼镜后面有一双明亮的小眼睛，总是笑眯眯的，可每当酒过三巡，谈及艺术和理想，这双眼睛就会闪着明亮而笃定的光。

二十世纪八十年代改革开放，经济大潮在每个行业都掀起波澜。在音乐行业里，流行音乐方兴未艾，民乐演奏家们则多是去饭店里奏乐打工，补贴家用。可曹先生却骑着自行车，满北京找黏土，挖回来摔坏研制，最后竟在自家的火炉子里，烧出了已经失传的七千多年前的古埙，每当夜深人静的时候，他总会一个人浅吟低奏。在那个风起云涌的年代，在他的世界里，只有深邃幽远又不合时宜的传统。

曹先生和夫人、孩子住在车公庄附近的一座居民楼中，家中没有时兴的装饰，满墙的书法作品说明主人对书法的痴迷，不大的书房里堆满了书籍、乐器、宣纸和石料，硕大一张画案占去了半个房间。曹先生在书法方面也是下了苦功的：三十余年临习不辍，百余元的一刀宣纸，在他那儿半个月就会告罄。于是为了减少花费，就改在报纸上写，报纸也用完了，曹先生急中生智发明了用水在宣纸上书写的方法——写完晾干，干了再写，一张纸倒能用上几十次。然而即便如此节俭，日子依旧过得捉襟见肘。有一次，快要过年时，我见到曹先生闷闷不乐，问过才知道，因手头拮据，春节给孩子的花炮还没有着落。于是，我赶紧把自己的花炮分一半出来，给孩子送了过去。

曹先生的生活堪称清苦，但对艺术却有着近乎苛刻的追求。他曾作过一副对联以自勉："笙管笛箫出声即是绝韵，真草隶篆一笔不让人。"书画我不懂，不敢妄谈，可曹先生的演奏，的确与众不同，即使在演奏前，调试乐器的时候，他也奏得极美，只轻轻短短的几声，点到为止，决不会长篇大论，旁若无人地炫技。后来我发现，但凡了不起的音乐家或者乐团，正式演出前大多如此——我想，这既是对听众耳朵的爱护，也是对演奏水平的自信。

所谓"绝韵"，对曹先生而言，并非高难度的技术技巧，而是以他的学识修养，营造出的音乐境界与众不同。几十年来，为了获得乐器更大的音量，很多人给笙苗加上了扩音筒，而曹先生却从来不用。他说加了扩音筒的笙虽然音量大了，却失去了乐器原本清脆的丝竹之音。很多唢呐演奏家为了演出效果，通常会吹奏一些观众熟悉却又千篇一律的作品，可他却独辟蹊径，用最高音的小 G 调唢呐，演奏曲牌《夜深沉》——这曲子看似信手拈来，实则极难把握韵味。这样雅致俏丽的唢呐意境，在他之后，我再也没有听到过。

1990 年，我考入了中央音乐学院，学校正式聘请了曹先生，作为我们专业的老师——回想多年以来，我都是在他去看望我父亲的时候蹭课——这回，我终于可以名正言顺地作为他的学生去上课了。其实我所谓"上课"，就是每周定时在他家喝茶聊天，要是赶上饭点，师母一定会做几个下酒菜，留我与他小饮几杯。至于学校的考试，他偶尔也会过问，安排个曲子，讲讲音乐意境所在，也许再吹上几遍，剩下的就靠我自己去练了，至于回课，全凭自觉。在曹老师的教学理念里，演奏技术在中学时代就该完成，作为大学生，开阔视野和提高艺术的境界品位更为重要。我当然也乐于这样的"自由"，有时候甚至会自己写个曲子给他听，他从来都是鼓励，"嗯，不错，考试用这首也行。"在音乐学院学习的十一年里，我的专业课考试成绩一直是前三名，唯独大学这几年成绩有些下滑，但我全无所谓，甚至很开心，依旧每周期待着上课，因为曹老师有很多经验和故事讲给我听。

我印象最深刻的故事是：八十年代末，曹先生参加了中国民族器乐演奏团，这是一个由民乐演奏家组成的演奏团体，经常在海外交流演出。一次在香港演出的时候，琵琶演奏家刘德

"笙管笛箫出声即是绝韵，真草隶篆一笔不让人。"
曹节先生的艺术追求影响了十六岁的我。

海先生担任演出的主持，曹先生准备了《春草》和《醉》两个笙曲，每场演出时轮换表演。结果，刘先生在报幕的时候把本应表演的《春草》说成了《醉》，候场的曹先生赶忙提醒，希望刘先生再次上台更正，可是刘先生却说："没关系，你把《春草》吹《醉》了，不就行了？"这对于我来说，不亚于当头棒喝——是的，春草为什么不能醉呢？可是，大概也只有达到他们那样的功夫和境界，才可以这样地潇洒自如。

我开始接触摇滚乐时，父亲担心我误入歧途，于是两人闹得很僵，我甚至一度离家（搬到姐姐家）居住，以示我的决心。

曹先生劝父亲不要太多干预，让我自己选择未来——他是父亲信任的人，他的话自然也起到了作用。

由于音乐与书法两方面造诣都颇深，曹先生的美学观念也是高屋建瓴，触及本质。对于中国艺术的境界，他曾提出过"会、好、精、绝、化"五字要诀：所谓"会"，指的是入门阶段的技术把握；紧握"好"是指功力深厚扎实；"精"是指精微细致；"绝"是指审美意境要有独到之处；"化"即是融会贯通，随心所欲地表达——中国艺术所追求的，不应只是技术上的难度，更应是境界上的豁达与融通，孔子讲"七十而从心所欲，不逾矩"，我想应该也是同理。很多年过去了，同曹老师的谈话，很多已经忘记，但这五个字却时常在我自以为是的时候回想起来。

"前不见古人，后不见来者。念天地之悠悠，独怆然而涕下。"大概是 1985 年的夏日黄昏，家人都在院子里乘凉，屋里只留下我和曹老师上课。我在笔记本上一笔一画地写下了陈子昂的这首诗，只因曹老师刚写了一首双管曲《怆然》，灵感就来自这首诗的启发。双管音色本身悲凉凄厉，在他的演奏下又多了几分呜咽与深沉。他背对着窗子，逆光中的身形岿然不动，只有脸颊上两行晶莹的泪在光线里微微闪烁着。我猜想，他一定有很多委屈无法向人诉说。好在九十年代后，曹先生终于迎来了他艺术的春天。1991 年，他作为最年轻的艺术家，参加了在威尼斯举办的世界艺术顶峰会议和世界艺术论坛，并且发表了题为"从一到零"的演讲。他从"唯乐不伪""仁近于乐""乐者敦和"等美学观念，引申到"平和宁静，纯真质朴"的审美境界。这些关于中国艺术精华的阐述，与西方世界所认知的审美截然不同，各国的媒体争相采访报道，并推举他为世界艺术论坛最年轻的理事。同时，曹先生的书法著作也相继问世，融合了音乐的书法作品展在中国与日本先后举办，一时间忙得不亦乐乎。

令人遗憾的是，2005 年，曹先生在年仅五十六岁的时候，因病去世了。最后一次见到曹先生，是那一年的夏天。我从国外演出回来，听说他病了，就去医院探望，曹先生已经很难进食，身体非常消瘦。看到我去他很高兴，像往常一样，依旧鼓励我要沿着自己的路往前走。我只是安慰他，要好好休养，没想到，那竟然是我们最后一次见面。

一转眼，曹先生已经走了十年。每当我心浮气躁的时候，都会想一想他，想他三十年如一日甘于寂寞，想他那超越表象的彻悟与追求，还有他常说的一句话："努十倍力方可成功，退一步想便可知足。"

W·U·T·O·N·G·'·S
·V·I·E·W·S·

寻访樊板泰

1990 年夏天，我高中毕业。放暑假前，钢琴系的瞿阳问我，要不要和他们去山西采风，领队是音乐学系周菁菁老师，还有她的学生安娣。采风的内容，主要是搜集山西河曲一带的民歌（河曲地处山西、陕西、内蒙古交界，原生态音乐极其丰富，被誉为"民歌的海洋"），同时寻访一位著名的民歌手——樊板泰。

这个人在五十年代可谓红极一时，在中南海怀仁堂给毛主席演唱过，这在当时可是莫大的荣誉。另外，《中国民歌·山西卷》所记录的山西民歌中，也有很大一部分是由他的演唱记谱得来的——我对樊板泰以及民间音乐的原声状态充满好奇，于是爽快答应，与他们三位结伴开始我有生以来的第一次采风。

采风从河曲县城开始，我们拿着音乐学院开出的介绍信，请文化馆的工作人员帮忙引荐当地唱得好的民歌手。于是，一位老汉被请了过来，他声音嘶哑，但味道十足："刮风哟不如下雨的好，多住上两天好，乃自咿呀嘿！"我猜想，这是有关走西口的歌，新媳妇希望老天下雨，可以留下要外出做工的男人——这样的歌词真是朴实动人，全无做作的痕迹。唱了几首都是情歌，老人说累了，就不再唱了。文化馆的工作人员提醒我们，如果给一点钱，他或许会多唱一点。果然，在我们给了他两块钱（当时每晚住宿费是两块五）以后，老人一下子又来了精神，问我们要听荤的还是素的。"荤的，当然是荤的了。"我们在音乐学院哪有机会听这个，于是也不顾羞涩，异口同声地回答。老人张口就来："掏出你的……"——我们都有些愕然，不敢相信自己的耳朵，这也太直白、太露骨了！

我们也遇到过一位卖冰棍的老汉，名叫王喜儿。他皮肤晒得黝黑，敞怀穿一件明黄色中式小坎肩。他给我们唱了《茉莉花》，却是山西特有的版本——这让我第一次知道，一首民歌在不同的地方竟有如此不同的变化。

我们还遇到过一个边做活边唱歌的中年木匠，他的歌声把我们招了过去。木匠见来了人，有点诧异，于是我们说明来意，请他再唱几首。木匠高兴，干脆放下手中的活计，拿起身边的四胡自拉自唱了起来，那是黄河对岸的漫瀚调：他闭着眼涨红了脖子，每一声都用尽了全身的力气，好像他的生命，只为了此时此刻吼出这首歌，而死不足惜。虽不是专业歌手，但我永远也忘不了他演唱时，我眼前浮现出的那片血红的颜色。

现在作曲流行采样，而采风与采样的区别，在于对于民风民俗的体验。半个月的采风过程，我真正体会了当地人的生活：在偏远的山村，我们借住在农民家中，他们总会拿出最好的茶饭款待我们——当地有一种酸饭，不是每个人都吃得惯。那是一种经过发酵的米饭，农民早上吃了，下地干活半天都不会渴。我们也喝过山泉水泡的茶，虽不是什么名贵好茶，但因为水好，所以喝起来甜甜的，像牛奶一样顺滑。都说山西的醋好，好到什么程度？一块钱一碗的面条，只用醋和辣椒一拌，我顿顿吃也不烦。

这里是黄土高原的东沿，常年雨水冲刷，形成了千沟万壑的地貌，我们每天就在散落在高原上的村落中寻访。有一次问到一位年迈的老奶奶，她给我们领路时，顺便和对面沟梁的乡亲打着招呼，那声音真是嘹亮。如果在江南水乡，你大概只能听到吴侬软语，因为人口稠密，音量太大会影响别人。而在这大天大地里，自然也造就了歌声的洪亮。

我们这次采风的重点，就是寻找民歌手樊板泰——据说他住在河曲县下面的樊家沟，因为交通不便，长途汽车只能开到巡镇，剩下的路就要靠我们自己走。还好遇到一辆拖拉机顺路，我们四人就坐进了后面的车斗里，向着樊家沟前行。乡下都是土路，下雨时留下的车辙，等干了以后，就变成了一道道深深的沟，拖拉机开在上面东倒西歪，像风浪中的小船，我们在后面的车斗里前仰后合，一边紧抓着车帮，一边还要护住行李。实在颠簸得不行，我就想，还不如下去走路能轻快些——于是果断飞身一跳，却栽了大跟头。好在拖拉机速度很慢，我没有伤到分毫，只是车上那几个人笑作了一团。

颠簸了近两个小时后，终于到了樊家沟：村子不大，所有的房子都盖成了一排排，显得很规矩。村口有辆卖冰棍的推车，几个大人孩子围坐在四周。我们上前打听樊板泰，奇怪的是，所有人都投来了惊诧的目光。

"你们找他？你们找他干什么？"

当我们说明来意后，这些人更是一阵骚乱，好像发生了一件很可笑的事情。

"他难道会唱歌吗？他就在那儿！"有人顺手一指。

顺着他指的方向，在一排房子的尽头，我们远远看见一位蜷缩着的老人——难道他就是樊板泰？

走得越近，我们越不敢相信自己的眼睛，这是一个衣衫褴褛的老人，佝偻着蹲在墙角。

"樊大爷，您好？"我们问候着。

老人只是低着头，却一声不吭。

"我们是从北京来的，专门来听您唱歌的。"

听到这儿，老人好像被电到了一样，慢慢抬起了头——那是一张布满皱纹的脸。大概是很久没有洗过了，一些吃剩的食物和污垢还残留在皱纹里。他没看任何人，一双昏黄的眼睛呆呆地盯着前方，只有两行清澈的泪水流了下来。我们一下子不知道该说什么才好。他一定忍受着极大的痛苦，而从那两行泪里，我们猜想他还能记起当年美好的时光。然而，这显然不是几句安慰的话就能解决的问题。

我们凑了一些钱，塞到樊大爷手里，向他告别，转身去了村里的文化馆，想从当地的文化干部那里了解一下樊大爷的情况。村文化馆的干部，是个中年的裁缝，看见他的时候，他正在和两个女人说笑，谈论着手中锦盒里的一枚戒指。从他口中，我们得知老人家中还有一位需要他照顾的老母，只有一个侄子在内蒙古打工，偶尔才回来看看他。

"他是对山西的民歌作出了很大贡献的人，文化馆能不能照顾一下？"周老师问。

"山西这样的人多了，我们也照顾不过来。"裁缝干部这样回答。

于是，我们知道再说什么也没有意义了。

回城的路上，大家都陷入了沉默。对于樊大爷的遭遇，我们深深地难过，却又爱莫能助。我们甚至有些自责，是不是不该去看他？否则也不会在他死寂的心中又掀起波澜，惹出那两行泪，却无法收拾。

采风结束后，有很长一段时间我总是想着樊大爷。以后他的命运会如何？他的侄子有没有回去照顾他？或许因为那两行清泪，我清楚地感觉到他心中还有渴望。只是失望太久，让他已经没有了努力的勇气。于是，第二年的夏天我约上诗人江熙，又去探望樊大爷。我带上自己所有的积蓄，准备让文化馆的干部代劳，按月发放给老人。

但我们还是去晚了。当我们来到樊大爷家中时，只见到了樊大爷的侄子——樊大爷已经去世了，并且走得很不光彩：老人后来疯了，寒冬腊月时他赤身裸体地在村子里游荡了半个月，

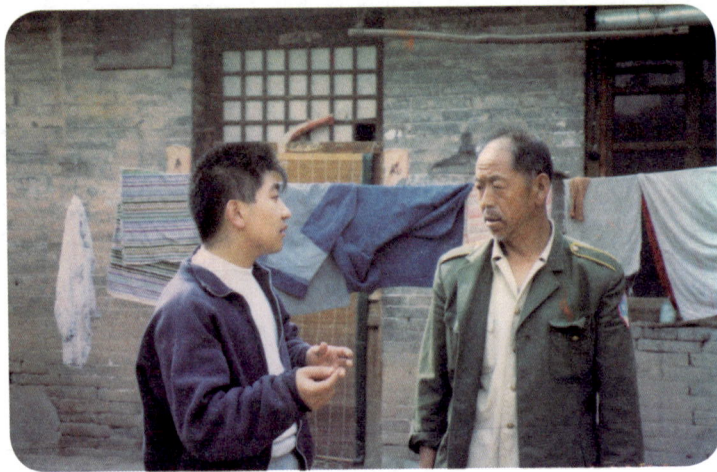

再访樊家沟——樊板泰先生已经不在了。

就在春节到来之前，一个漫天飞雪的日子，终于饥寒交迫地倒在了这个黄河岸边的小村庄里。

一位在山西的音乐史中留下了痕迹的民歌歌手，就这样狼狈不堪地走了，没有留下只言片语。老人起伏的人生际遇，像一个冷酷的寓言，让我们深深地困惑和惋惜。到底是谁的错？是他自己的命运多舛？还是文化部门的政策疏漏？再或者，这个社会太过冷漠？如今，这些对于逝人已经毫无意义，但我知道我们有一千个理由，应该让他体面地活着，体面地走——即便他不是一个为山西民歌作出贡献的民歌歌手，而只是一个风烛残年，需要帮助的老人。

后来我也开始唱歌，经历过被歌迷盲目追捧，也有过在舞台上被观众无礼对待的困窘。每到这个时候，我都会问一问自己，到底为什么要唱歌？又要带给观众什么？这是个成功学泛滥的时代，不论好消息还是坏消息，只要能登上舆论的顶峰，就能将歌迷玩弄于股掌之中；当赤裸裸的以歌声来征服、占有的法则横行于世，像樊板泰这样被社会遗忘的歌手，似乎已经成了历史——而在我看来，这一冷一热的两个极端，同样丑陋。

一首歌，一个人，行走在这个世界上的前提，应该是真诚，就像那位用生命歌唱的木匠。可以没有观众，可以没有名声，但只要一张嘴就是一颗滚烫的心，你又能否接得住？

忆往昔，一场轮回

　　在我的音乐生涯中，和轮回乐队的分手风波，应该说是一次终生难忘的经历——这件事带给我的思考以及影响是伴随终生的，总结成两个字，其实就是"沟通"。现在想起来，其实大家本可以用一种更为理智温和的方式结束那一段美好的音乐之旅。如果那时能和轮回乐队成员沟通得多一些，相互站在对方角度上的尊重与理解再多一些，那么即便结果还是分手，但至少不会成为一个遗憾。

　　从人生的角度来讲，我的音乐之路必须感谢和轮回乐队的朋友们一起奋斗的那十二年。十二年一个轮回，而乐队从开始那一天起，大家用"轮回"作为乐队的名字，其实也是想追求一种螺旋式上升且不断探索新可能，并开启我们人生的新形式。

记得乐队成立初期，我们都还是音乐学院的学生，对现代音乐的冲动和好奇，让我们不顾风雨，每个星期跑到军乐团用他们免费的排练厅排练我们新创作的作品。那个时候演出的机会很少，有时候一年只有两三场演出，而且都是几百人的地下Party，但是大家能够同甘共苦，充满共同的音乐梦想。就连最艰苦的日子，大家也都挺了过来——那是在1999年，世纪之交的前夜，大家在摇滚的道路上依旧看不到一丝光明。大家商定：每个人都拿出自己的积蓄，录了最后一首歌《春去春来》。我们希望用这首《春去春来》做最后一搏，因为大家年龄越来越大，生活压力也越来越多，我们的未来到底会怎么样？还要不要继续努力？大家把一切都赌在这首歌上。如果成功了，我们就把乐队继续玩下去，如果依然不行，那么我们也为之前的努力做一个最后的了结。没想到，这首《春去春来》倒成了轮回乐队被社会认可的一块敲门砖，而轮回乐队也成为第一支登上央视直播晚会的中国摇滚乐队。乐队被大家真正认可，录音、巡演、专访忙得不亦乐乎，轮回乐队也正式走进了公众的视野。

吃苦容易享福难。大家再苦再难都可以同心协力，但当成功到来时，机遇和选择一多，反而会生出很多问题和分歧。比如，我希望摇滚音乐或许可以更国际化，因为我走在了跨界音乐的路上，我希望轮回乐队可以跟我一起，把中国的摇滚音乐带向全世界，也希望把发达国家的摇滚音乐引进中国。我甚至

轮回乐队专辑《创造》，1995年发行。

轮回乐队专辑《心乐集》，1997 年发行。

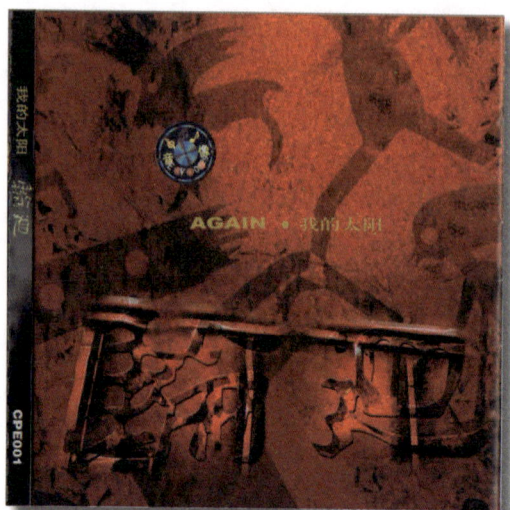

轮回乐队专辑《Again 我的太阳》，2002 年发行。

轮回乐队专辑《超越》，2002年发行。

希望，轮回乐队的下一张专辑可以在美国录制。那时，我觉得我所有的想法都是为了轮回乐队好。而轮回乐队当时在想，为什么我们不在国内一片大好的音乐市场发展，反而要到国外发展？于是，分歧就产生了——现在想来，其实真的没有谁对谁错。因为音乐的选择不同，舞台没有大小，只要是发自内心的，就是值得尊敬的。但对于音乐道路的不同选择，最后导致了我与轮回乐队的分手。

分手事件的导火索，是我和美国西门子公司签订的一份电子笙开发合同。因为西门子方面的合同总是提前一年就会签署下来，我认为电子笙的开发，无论对于民族乐器的改革和发展，还是对于轮回乐队现场的应用都是非常重要的，所以，我必须赴美国进行学习与研发，为期两个月的时间。但就是在这两个月的时间里，轮回乐队又得到了演出的邀约，可是我有约在身没有办法回来，而且作品没有完成，首演在即，我确实也没法脱身。我试图中间回来一次跟大家交流，但是国内的演出我还是不能保证——这其实就是我与轮回乐队最后分手的原因，并不是多么轰轰烈烈的原因。现在回想起来，当事情发展到最不可开交的时候，我们都是各执一词，大家都没有站在对方的角度去考虑，而原本这些矛盾都是可以用沟通来解决的。

当时的我，身在美国，心里想的是如何把轮回乐队带到国外，让中国的摇滚在国外也可以拥有一席之地，而现实好像给了我一刀，让我猝不及防。当同甘共苦十二年的朋友和兄弟，面对媒体宣布他们在重新招募轮回乐队新的主唱时，我当时感觉天空都灰暗了，人心莫测！曾经坚信的友情，好像突然变成了一种嘲讽，而我所有的价值也一瞬间清零——然而现在想起来，这不过是一个人生的教训。

后来，我才发现，沟通原来是那么地重要，甚至，没有任何一件事情是沟通不能解决的。因为人总是不同的，每个人都有自己的角度、人生观、工作的习惯、生活的选择，但恰恰是这种不同，造成了这个世界可以丰富多彩，可以五光十色，人生充满了创造奇迹的可能。然而，如果没有充分的沟通，这种个性有可能变成相互合作的阻碍。所以，沟通必须建立在相互尊重的基础上，试着站在别人的角度上想一想，如果你是他，你会怎么做？这些看似非常烦琐的过程，可能会让原本出现裂痕的关系最终变得和谐。

沟通，可以让一切变得合理。音乐的合作是这样，工作的合作是这样，人生中的事大多也是这样的。

WUTONG'S
·VIEWS·

想北京

　　雨下了一夜，淅淅沥沥到中午才停。窗外，夏天的北京湿漉漉的，来做客的朋友说："你窗外那片森林，真好看！"其实哪里有什么森林，不过是片待建的工地——因为拆迁纠纷，几十户人家在瓦砾中坚守多年——日子久了，荒草丛生，加上几株葱茏大树，猛望过去倒真是一片绿油油；不远处的楼盘快要完工了，工人们夜以继日，只一年的工夫，大片法兰西风格的"公馆"建筑就拔地而起，巍然矗立在那里；再远处，是北京东部鳞次栉比的楼际线，激越升腾地蔓延开去，直至消逝在灰蒙蒙的天色里……这座叫作"北京"的城市变化得太快，快到让人有些不认识了。于是，此时此刻，我又想起了儿时的北京。

　　想北京，因为那气定神闲的北京味儿。

　　我家住在海淀区二里沟西口，那时，大杂院里有几棵老槐树，一到夏天，邻居们总爱搬出桌椅板凳聚在树下乘凉，大人们会摇着扇子唠家常、听评书，孩子们会三三两两地粘蜻蜓、捉迷藏；水桶里的西瓜早已镇得透透，就等一刀下去，皮薄脆沙瓤；晚风徐徐，吹动那些花花草草，满院芬芳，不觉得暮色渐浓，月华初放——那时的日子，虽然酒肉无多，可心里舒畅。

　　那时是计划经济，家家没有余粮，可母亲的一双巧手，总能让日子有滋有味：正月十五摇元宵，端午节包粽子，头伏饺子二伏面，直到入冬酸菜积满一大缸，怎么吃也不烦。母亲厨艺很棒，虽然她自己谦虚地不承认有这回事，但下厨动手是真不含糊——北方人爱吃面，尤其夏天更是如此，母亲擅长的面很多，打卤面、肉氽面、麻酱面、热汤面……各色面食轮番登场。而我最爱吃的，还是炸酱面：煮熟的面一定要用凉水拔过，拌上炸酱，就着蒜瓣，手上拿根黄瓜，往小马扎上一坐，爽！当然，吃得再多，完了也得来碗面汤，这叫"原汤化原食"。

　　那时，西红柿还有味道，孩子们下学后随手抓来就吃，要是仔细，还会切片拌上白糖，那种酸甜清爽的滋味，现在饭店里也难找。价格最便宜的时候，母亲总要买很多用来做酱：先把西红柿蒸熟，封装在消过毒的葡萄糖瓶子里，待到冬天蔬菜短缺的时候，一开盖，夏天的味道又回来了。

　　那时，一进腊月，妈妈的春节战役就打响了：扫房、擦玻璃、赶制大家的新衣裳，最后开始准备节日的餐食——我最期待的是米粉肉，五花三层的猪肉拌上炒过的黏米，蒸完装在铝饭盒里，吃的时候在炉台上一热，满屋飘香，无法抵抗。年饭吃腻了也没关系，来瓣晶莹翠绿的腊八蒜，酸溜溜，脆生生，想起来就满口生津。那搭配完全体现了中国百姓的智慧，简单又实惠。

想北京，因为那些古道热肠的老街坊。

小时候练琴偷懒，父亲每次惩罚我都要把门反锁上。可那些大爷大妈叔叔阿姨，总能及时赶到，他们敲门的敲门，爬窗的爬窗，从外面喊着"老吴，别打了，这孩子多好啊！"那声音比歌儿都好听。老爷子面儿薄，禁不住几声劝，就把门开了，大人们赶快把我转移到他们家里，拿出好吃的好喝的，来安慰惊魂未定的我。都说远亲不如近邻，在我看来，他们个个都是我的活菩萨。

九十年代大院拆迁，之后的几年，大家还相互打听着。可时间久了，加上城市扩建，人们就越搬越远，到如今已没了踪影——那些人不知道都搬到哪儿去了，我想他们大多和我一样，也住在某一栋楼房里，空调暖器，风雨无忧。邻居很难相见，即使偶然相遇，也只是匆匆忙忙的"你好""再见"。

想北京，因为那会儿北京还有城。

二十世纪七十年代，我还小，对北京没什么整体印象——其实也不需要有什么整体印象，城市不大，干什么都不算远：

大人们上班，骑自行车就能到；孩子们上学，排着队唱着歌，根本不用接送。

一年级时，我参加了北京市少年宫的民乐队，每周日要坐公交车去景山后街排练。那会儿的车上总是有座，即便上下班人多，可挤一挤就都能上去，落不下一个人。父亲给我买的是"市学月票"，这月票在白石桥以外就不能用了，得"通学月票"才行——这么看来，七十年代的北京，过了白石桥，就算出了北京城。

爱北京，因为是故乡，无论在天涯海角，只要一杯花茶，就能让我神清气爽；爱北京，因为这里的人有面儿又仗义，心怀天下却荣辱不惊；爱北京，因为那些声音，四合院里的空竹，公园里的京剧，声声都是自在；爱北京，因为这里四季分明，既有夏天里的荷花清雅不染，也有严冬中光秃秃的把枝干依旧伸向天空的老树……

可不知道从什么时候开始，我有点不认识这里了：崇文和宣武已经成了过去，幽静的胡同里，挂满了商业的霓虹。和世界上所有首都一样，这儿的房价永远高高在上。规划中的城市不断扩建，一直要连到河北、天津。时代发展了，城市建设无可逆转，北京也不是北京人自己的北京了。既然是全国人民的伟大首都，就应该有着开阔的心胸吧？可是，如果来了一位远方的朋友，想看看北京的样子，我只能带他去看看首博，逛逛

故宫，然后邀上三五知己，倒上一杯二锅头，讲讲我记忆中的
儿时的北京城——

那时的北京，树多、人少、时间慢。人们说话还是面对面，
一天只做不多的事情。

五 PART FIVE 生活们

WUTONG'S
· V · I · E · W · S ·

这些年，你在做什么？

　　经常被别人问起来，吴彤你还唱歌吗？吴彤你是不是回去
做民乐了？吴彤你最近在做什么？……类似的问题着实不少，
感谢大家的关心，我想说："这些年，我在做自己喜欢的事儿。"

　　这个回答虽然有些空洞，但真是事实——我算不得勤奋的
人，但又希望能把事情做好，所以我不能同时做两件事情。无
论唱歌、演奏，还是创作，哪怕是在家里装修房子，都只有全
心全意投入，才能把事情干好。当年在轮回乐队的时候，我倾
尽全力和乐队的朋友一起奋斗，创造属于我们的摇滚音乐；跨
界音乐的这些年，我又认真地希望把中国的传统音乐在世界范
围内推进，同时可以在世界民族音乐的学习中借鉴他们的音乐
语言，在我新的音乐创作中有更好的提炼和改编。而当更多的

人都了解吴彤有一个高亢嘹亮的摇滚男高音时，我开始浅吟低唱，唱了《燕子》，唱了《望春风》，唱了《早餐》——我只是不愿为了一个所谓的"商业认知度"而忽略自己内心最真实的诉求，我只是在寻找自己真正有感觉的作品和声音。

而这些年，我在对笙这件乐器的美学精神的整理上，用了差不多三四年的时间：穿越浩瀚的历史文献，我惊讶地发现，原来笙是如此与众不同。原来，它是中国传统文化当中最具有代表意义的精神在音乐上面的体现……惊讶之后，震撼之后，感动之后，我要将我对笙和笙文化的领悟进行系统的梳理，变成观点，变成讲座，变成文章，甚至变成作品——所有的这一切都是水磨功夫，需要用时间来慢慢沉淀叠加，因为我希望做到最好。

有时我也会怀疑，我这些年所做的选择到底对不对，比如从音乐学院毕业那年，其实有机会留校任教，但我放弃了，而在走向社会的第二年，我就开始后悔——或许留在学校这样一个完全、绝对的艺术环境里，可能会对我的研究更有帮助，音乐创作也会变得更加纯粹，会获得更多音乐方面的资讯，也会有更多的机会和同行接触……而在茫茫社会中，好像自己突然一下子变成了海中的浮舟，四下望去无依无靠，有的只是没有着落的未来。但我也知道，之所以不留在学校，或许是因为我更喜欢舞台，渴望演奏的激情多过我在教室里传道授业的热情——我觉得我是一个没有耐心的人，或者也没有那样的智慧

心境去引导教育学生，但我自信可以在舞台上去创造，去分享音乐本身。当你投入最大的热情和专注的时候，你的每一首音乐，都有可能是鲜活灵动且不朽的——既然没把握教好孩子，同时也没有更多时的间集中在帮学生奠定音乐基础的工作当中，那么，放弃老师这样一个行业对于我来讲，至少不会误人子弟。

我一直在做自己喜欢的事儿，我拿着笙周游列国——虽然它或许是一件西方世界完全陌生的乐器，虽然我好像消失在中

我喜欢芦苇，因为它有花的妩媚、竹的修长、土的颜色和风的形状。
如同每一个平凡的日子，让我感到温暖、平实又充满了幻想。

国观众的视野里，虽然外国的观众对我完全陌生——但我就是
喜欢挑战，当传统面对新的可能时，我就是一个传统的开拓者。
有时长期在一个狭窄的区域里辗转，眼界容易变窄，难免体悟
不深。但是如果通过博采众长，集百家之见，甚至跨越现在所
谓的传统，你就有可能接触到古典音乐，你就有可能接触到流
行音乐、爵士音乐、世界民族音乐。当你在看到他们的传统，
他们的表演时，或许可以更容易看清自己的缺点和优点，也可

以在他们的音乐风格中，找到自己的影子——其实任何文化也好，艺术也好，所谓"流水不腐，户枢不蠹"，只有让它更灵活地接触到新鲜养分，让它有更多音乐基因加入进来，它才有可能是更加健康、更加茁壮、更加有生命力的。只有学习得更多，未来的路才能更远，因为认识得更深，更接近于乐器本身，或者说音乐本身。在学习的过程中，我能够得到的不单是音乐，还有对不同传统的尊重。在这个过程当中，我学到了耐心和坚持，也不断在音乐道路上反省音乐应该往何处去，就像大家经常问我的，"你现在在做什么？"

"吴彤，你到底在做什么？"我只能说，我一直在遵从我自己的内心，做我自己认为有意义的每一件事儿——不是两件事，只是一件事——我慢慢地将它做到问心无愧，然后，传达给你。

■ W ■ U ■ T ■ O ■ N ■ G ■ 'S ■
· V · I · E · W · S ·

我不想成为新闻

　　好莱坞曾经有一句名言："无论是好还是坏，只要有新闻，就是好新闻。"如何制造和挖掘吸引眼球的"新闻"，似乎是如今娱乐圈最大的日常工作。围观者被各种光怪陆离的"新闻"所吸引，大家对此既饶有兴趣又并不当真，所有的一切不过是一笑而过，成为茶余饭后的谈资——但我对此类"新闻"很反感，因为这相当于是非不清，没有底线。

　　我的家庭比较传统，从小家人就告诫我"作艺先做人"，后来社会上又有一种提法，叫作"德艺双馨"。当然，这种比较主流的官方媒体的衡量标准，或许不被一些另类的时尚先锋人群所在意。但对于我来讲，无论"作艺先做人"也好，"德艺双馨"也好，其本质都是突出文艺工作者的基本态度，也是关乎一个人的基本品性。虽然如今"文艺界"这三个字已经很少有人提起，大家津津乐道的是另外三个字——娱乐圈。娱乐似乎早已重于文艺，我想这也从一个角度证明了从事文化艺术的人，可能已经在慢慢转换其身份，或者说这个身份所承担的社会工作的意义。但无论怎么改变，也不能改变最基本的德行与品性，一个人对于新闻的态度，其实也是对人生态度的一种选择。

记得轮回乐队最辉煌的时候，我遭遇了"被轮回乐队分手"的事件，而这个事件，也恰恰成为某些媒体获取观众眼球的好素材，他们必然是要做大与发酵这个"好题材"的。于是，铺天盖地的"新闻"出现了，甚至平白无故还有"吴彤在美国因吸毒被扣留"这样的恶意传言出现——显然是因为某些居心叵测的媒体没有底线的操作手段，而后又将这个传言不负责任地公之于众，才有了随后一拥而上的媒体轰炸——这件事情甚至影响到了我母亲的心情。而回国之后，我经历了从来没有经历过的众人对我的猜度和鄙夷，而我，甚至不知道自己做错了什么。那个时候，我才领略到为什么那么多人都愿意出丑闻，因为丑闻是最大力度的"宣传"，可以被无限扩大化的一个"好新闻"，"好事不出门，坏事传千里"，大家都愿意猎奇，都愿意看别人的笑话，喜欢看到光环背后不一样的你。

面对这样的"新闻"，我选择了沉默，没有辩驳，只是出了一个律师函，以此告诫对方澄清事件的真实性。除此之外，

《金陵晚报》的吓人标题

我拒绝了所有媒体的采访，把手机关掉，在巨大的不解当中，慢慢忍受这种不公。因为我知道这是媒体蓄意的炒作，他们甚至希望我发怒、失态，给他们提供更多无聊的娱乐素材。而对于我来讲，作为一个文艺工作者，如何应对误解甚至恶意中伤，也是人生中需要修炼的重要部分。所以，在这件事情的热度过去之后，我接受了一个媒体的采访，把这件事情说得清清楚楚，就再也没提过这件事情。这就是我的处理方式，包括最近在网络上，也有一些人恶意攻击我，对于《燕子》这首歌的署名问题。我只是通过公司和 QQ 音乐的编辑联系，请他们及时修改，并且得知是因为 QQ 音乐编辑的错误所致之后，请他们在网络上做了一个澄清和道歉。对于那些中伤的言语，我依然觉得沉默是最好的解决方法。

就我个人而言，我觉得自己之所以从事演唱、演奏和创作音乐的工作，是因为音乐是体验生活的形式。我在人生的道路上体验到的各种美妙、痛苦以及挫折，可以通过音乐跟大家分享，将这种经历和感悟变成一种灵魂上的沟通与碰撞，变成心与心之间的安慰和交流。这在我看来，是无比美好的事，也是我唯一关注的事。

所以，我不想成为新闻，也不想通过艺术以外的事情对公众发声，我只希望用我的艺术说话——因为人生还长，音乐还要做，未来的道路怎么样，时间能够证明。我的价值可能不是茶余饭后的谈资，而宁愿你在夜深人静时，用我的音乐和懂得的人诉说漫漫的心声。

因为，我是歌手

　　这些年，无论在生活当中还是在网络上，我都不断地被别人问起来，为什么不去参加现在流行的歌手比拼节目？

　　其实，这些节目一直对我有邀约，但我几乎都立刻拒绝了——并非这些节目不好，甚至在跟这些节目的导演和制作团队接触之后，我还觉得他们是专业的、充满了理想和敬业精神的、值得尊敬的媒体工作者——但我还是要拒绝，因为这些节目的本质其实是一个比赛，而艺术本身是不应该拿来比赛的。比起争奇斗艳的炫技争高下，我更喜欢在一个自由的空间里放松地抒发内心。

　　就以目前最流行也是最成功的《我是歌手》为例。其实，从《我是歌手》制作的第一季开始，一直到现在的第三季，他们的制作团队每年都会邀请我参加。第三季准备开始的时候，导演为了能够说服我参加他们的节目，曾经几次诚意邀请，甚至从长沙专门飞来北京找我——这种为了找到一个最合适的嘉宾而付出和努力的敬业精神，是极为罕见的，我甚至觉得承受不起。我相信他们的这一份诚恳、这一份敬业的态度，可以让节目做到最大程度的专业性，但是，我还是不能够说服自己去参加。

我不反对在学习艺术的初期参加有比赛性质的活动，比如说作为一个初学者，要考专业院校时自然要通过考试，要在众多参加竞赛的人群中脱颖而出，要淋漓尽致地表现出自己最好的艺术水平，从而进入专业的院校，将艺术作为一生的职业。我也不反对一个刚刚入行的歌手或者乐手，在奠定他们社会认知度的初期参加一些比赛，让更多的前辈认识和注意到他在艺术上的才华。但我觉得作为一个职业的歌手或者音乐人，已经不需要这方面的积累，而更多的应该是回归艺术的本质、音乐的本质，用最单纯的内心，最诚澈的感受去创作、去演唱——舞台不分大小，无论是在几十万人的体育场，还是在几十个人的酒吧，只关乎内心的释放与表达。

当然有朋友也问我，包括我的同事也说，如果你参加的话，就会得到更多的关注，也可以让更多的人了解你正在做传统笙文化的梳理和传承，这是一件事半功倍的好事。的确，如果可

2014 年森林音乐会

以合理运用《我是歌手》这样一个全国性的焦点节目，一个最流行的娱乐平台，我的笙和我的声音都会得到最大程度的传播，甚至对传统音乐的振兴都会起到一定的作用。一期节目的录制花费的时间很短，但播出后的效果或许比我一百个讲座更能积攒人气，成为热点，这真是一个诱人的理由。

但我其实也最怕这种事情发生，因为我相信从踏上舞台的那一瞬间起，我的人生就已经改变了，因为在这之后会有更多的广告、商演，甚至更多的娱乐节目。虽然这些其实也都算是艺术活动，但是如果我想沉下心来做创作，做研究，平心静气地去演唱作品的话，也许再也没有那份宁静了。而作为音乐人来说，内心的单纯和平静是创作的前提，所得所失，显而易见。我曾经在山西听过一个木匠唱歌，他完全没有受过音乐的训练，但是他发自肺腑的演唱，让我觉得他是在用生命嘶吼——没有设计，没有心机，没有计算，只有不容分说的释放与表达。我觉得从这个角度来讲，艺术是最单纯的，这种单纯的艺术也是最有力的，它可以让我们内心得到洗礼。

现代的生活，或者说现代人的价值标准，总是会越来越精细，越来越精致，在每个细节上越来越臻于完美。但是再多的计算也不如本来的天然，如果音乐是发自内心的那一份冲动，即便它是粗糙的，也可以触及灵魂。所以，我尊重《我是歌手》工作人员制作节目的态度，他们甚至对每一位观众都经过严格的筛选，把最喜欢音乐的观众带到现场去，使这些观众的现场反应感染电视机前的观众。可我还是觉得这是计算，还是希望能够回到音乐本身，因为在一个比赛的环境下，它一定充满了战火硝烟。

如今，各种选秀类或者比拼类节目很多，由于这些节目的比赛特质，所以全程都会很抓人眼球，参加节目的人也很容易获得更多更快的关注，甚至直接成名、成功。然而，当获得你想要的关注之后，你想表达什么？你能表达什么？在媒体的镜头前面，你是否还是那个真实的自己？真实的自己和真实的作品是要用时间去积淀的，就像各个季节都有当季成熟的蔬菜，虽然我们可以通过大棚培育出反季节的蔬菜，但太快成长的，反季节的事物，终究不如应季的事物来得美妙与健康。

　　一件艺术作品需要时间，在这段时间中所磨炼的不单是一件作品的成熟，也有一个艺术家的淡定从容。

在时光中积淀和磨炼（摄影 唐凌）

日日是好日

　　人这一辈子，就算活到百岁，一生也不过三万六千五百多天，想想也真是急促：如今已经度过了多少天？今天的此时此刻应该如何把握？明天、后天又该如何打算？应该如何去面对属于自己的每一天、每一时、每一刻、每一分、每一秒？

　　从二十岁开始到四十岁之前，我的一天几乎都是从中午十二点开始的。在很多年前，似乎有一次看到过清晨初升的太阳——并非我起得早，而是熬过了彻夜。疲惫的我看到了红红的太阳从公路的尽头升起，早起晨练的人们在凉爽的风中充满了活力……虽然，我或许正准备奔回家蒙头大睡，但无论如何，看到清晨的风景还是会有欣喜，会有羡慕——有时也想能早睡早起，出来锻炼锻炼该有多好？但也只是想想而已。直到四十岁以后，身体才开始警告我："你需要改变了，你需要保养了！"

睡觉，是保养身体一个最重要的方法。古人日出而作，日落而息，按照自然的规律安排自己的生活，这本就是一种最尊重自然、天人合一的健康生活方式，而熬夜则是跟自己的生物钟作对。睡眠不好，何谈保养身体？所以，我试图从改变自己的作息时间入手。其实改变也没有那么困难，只要想通了，再顽固的习惯也能慢慢扳过来：原来凌晨三点睡，那么凌晨两点睡行不行？凌晨一点睡行不行？这样一步一步调整作息时间，睡得渐渐早，早晨起得也相应早——从少熬夜，到不熬夜，再到现在会要求自己在十一点就上床，十二点前必须入睡，那么第二天起来的时间，基本都在七点左右。

起床之后，我得从厨房抓一把小米，撒在阳台外面的窗台以及空调机箱顶上，因为这里将有几个清晨的常客前来造访——那是几只麻雀，喂得熟了，每天都会过来吃小米，顺便跟我一起共进早餐。当然，我的早餐比它们的要隆重得多，毕竟这是我一天中最重要的一顿：三层蒸锅里，有蒸鸡蛋羹、玉米、山药、土豆、胡萝卜等一大堆蒸制的绿色食品。当然，还要配上用柠檬、姜、枸杞、蜂蜜加水搅拌自制的蔬果汁，这是我早餐的重头戏，味道不错且功能强大——姜可以暖胃；柠檬有丰富的维生素，可以提高免疫力；蜂蜜可以滋润肠胃；枸杞补气。这样一杯蔬果汁下肚，会让我一整天都精力充沛。除了新鲜蔬果汁外，芝麻、核桃、葡萄干做的干果汁和黄豆、黑豆、红豆混搭的杂豆浆，也会交替出现在我的餐桌上，我哪个也喝不腻。

早餐之后需要消化一下，这时候最适宜处理一些日常事务，回回邮件，看看短信，看看新闻，大概四十分钟以后，就可以工作或者练功了——我会练五行功，这是一个道家功法，通过自上而下的锻炼，达到疏通经络的目的。练完之后浑身出汗，十分舒服。一小时的"动功"之后，再来四十多分钟的打坐，练练静功。这是一种非常好的搭配，可以让自己的身心彻底安静下来，收敛心神，开始一天的工作。我经常会在打坐之后，体会到很大的幸福感，这和单纯的跑步、游泳等运动带来的身体上的轻松快乐不同，通过由内而外的经络的通畅与内心的平静，能唤起我发自内心的爱与慈悲。甚至有的时候我还能感受到，我和街巷上每个人都融为一体，能感受到他们的悲喜，这是一种和天地万物合一的感受，无法通过语言和文字表达出来，它是超越时间的、发自内心的，是对造物主的一种由衷的感动。

有时候也会起得太早，反而影响上午的工作，因为头脑休息不够，总是不很清醒。如果是这样，我就得活动活动，让头脑彻底醒过来——要是还不舒服，索性就坐下来读书，阅读可以带来一个平静的身心，而且不会让我虚度这一上午宝贵的时间。

午饭可以吃得饱些。这些年我一直吃素，对饮食唯一的要求就是：尽量不要吃那些看似茁壮的蔬菜。因为它们可能有化肥或农药的残留，真正的好蔬菜也许会长得很丑，甚至发育不良，但这不是判断标准。在我看来，蔬菜好不好，唯一的鉴定方法就是吃：好的蔬菜吃起来，菜香会更浓——味对了，菜也就对了。午饭后活动活动，就可以午睡了。然而午睡不过是小憩一下，如果真睡，反而会伤气不养神。我通常会选择很短的睡眠，或者干脆不睡，省得下午不清醒，晚上睡不着。

下午三点到五点是申时，申时喝茶非常重要。申时人体肾经当令，这个时候喝下午茶，其实是一种保护肾的方法，同时也因为肾经活跃，可以帮助身体更好地排毒。所以，这个时候不但应该喝茶喝水，更可以吃一些水果。有人在喝申时茶时喜欢配干果吃，其实不对，因为干果充满了油性，在身体里不容易被吸收，所以吃干果应在中午以前。

晚饭怎么吃，其实最有分歧。有人在下午四五点就吃晚饭，有人得晚上八九点才开始吃，前者吃得算是"早晚饭"，而后者吃的算是夜宵了。更有人晚上干脆不吃饭，这样虽然很健康，但大多数人都做不到。就我个人而言，工作繁忙导致睡觉的时间偏晚，不吃晚饭有点扛不住，所以还是在晚上七点之前吃。但晚饭尽量吃得少些，蔬菜、水果，少油、少盐，让肠胃可以很快把这些食物消化掉，人也能舒服很多。若是消化不掉，人就很难入睡。我不建议吃夜宵，如果睡眠比较晚，一定需要夜宵时，最多来一杯酸奶。酸奶比牛奶好，不伤胃，同时奶制品也可以帮助安神，让身体得到最好的休息。

睡觉前最宜泡脚，如果有机会的话，这个时间是一定要挤出来的。泡脚可以让人的睡眠质量大大提高，而且可以让人更快进入深度睡眠。如果身体非常累又没法泡脚，我建议可以做一做意念导引：躺在床上时，使内心慢慢平静下来，然后开始设想从你的脚趾到脚掌，到小腿，再到膝盖，都在慢慢融化，一切都放松下来——别看这是一个简单的意念导引，它真的能大大提高睡眠质量。不妨试一试，第二天你的身体就会告诉你结论，因为你睡得更好，精力会更旺盛。

我就是这样度过一天的时光，而且希望日日如此，健康地度过。我们的每一次呼吸，都会带来氧气，让我们的细胞可以活跃起来，让我们用五官六识去感受这个世界，一切都妙不可言。事实上也是如此，我们的出生，我们的成长，我们的每一次努力、每一个创作，都像是一个奇迹。虽然周遭的人事物都存在这样或那样的不完美，但我们自己何尝不是如此？天地不完美，人生也不完美，而在这种不完美的前提下，还能保持一颗充满热情的心，一个客观而冷静的角度，过好我们在这个世界上的每一日，将每一日都过成最好的日子，是我们应该修炼一生的课程。

感受生活的禅意

　　我对宗教的兴趣由来已久。虽然既无家庭熏陶，也无师父引路，可一看到那些教人观心自省的文字，总是心生敬意。2000 年的时候，机缘成熟，我在柏林寺皈依了净慧老师父，法号明栋。虽说我已皈依，但毕竟还是没有缘分亲近师父，也没修什么法门——与其说我对宗教信仰有兴趣，不如说我是对宗教里的哲学思想更有兴趣。虽说只是偶尔拿出经书，读读抄抄，但时间久了，竟也能在生活中找到一些印证，算是有了点心得。

　　佛教典籍浩如烟海，而我的所学有限，只是粗读了几部入门的经典，但即便如此，还是对我的心智大有裨益。譬如《金刚经》中"凡所有相，皆是虚妄，若见诸相非相，即见如来"。以我的理解，在大千世界中，你所经历或感知到的任何事情，都并不只有这一个样子，如果你可以把任何事情看破看透，那就能成为一个真正的觉者。

所谓"看破"，既不是断绝尘缘的可疑召唤，也不是关于人生观、世界观的刻板说教，不过是给我们提供了一种客观的角度：有时候，我们的生活太容易被情绪所影响，而影响我们情绪的那些事情，或许原本只是虚妄，毕竟在时间面前，任何事情只不过是昙花一现。只有察觉到这种无处不在的变化与无常，我们才可能更接近事物的本质，并且尽可能减少被事物所牵制与伤害，让我们可以在欲海狂澜中，留住一颗初心。

我也尝试过打坐，这要从柏林寺的禅七说起：柏林寺为了以佛法回向社会，会在每年的腊月举办四十九天的禅七，我曾连续去过三年，虽然每次只是短短三天，可对我的帮助很大，如同打开了一扇看向内心的窗。禅七的主要功课是打坐，每天凌晨四点半起床，一坐一个小时，一天下来，大概得坐十个小时——这看似简单的一坐，其实包含的魔障重重，不光要面对身体的不适，还要对抗无时无刻不在的散乱与昏沉。

盘腿这一关就很难过，刚坐几分钟，两条腿就开始找麻烦，酸麻胀痛轮番登场，搞得人浑身冒汗，如坐针毡，真想好好揉揉腿再换个姿势——可禅堂里几十个人，安静得针掉在地上都能听见，哪能弄出响动来打扰别人清修呢？于是心里就盘算着，希望师父最好看错时间，早点儿结束打坐，起来活动一下。可是转念又想，他可别把时间看慢了，那这煎熬可就没头了。要是有一会儿腿不疼，脑子又开始胡思乱想起来。如何降服散乱的念头？师父说，应该从一到九循环地数自己的呼吸，用这种简单的关注来收慑心神，以一念降服万念，然后让自己安静下来，忘掉呼吸，最终进入更深层次的法喜与静定之中。可知易行难，念头哪里是控制得住的？倒是心猿意马不请自来。

按说逃离了凡尘俗务，到了这个清凉世界，总该有点升华领悟什么的才对，可是事与愿违，总会想着哪些工作还没做完？该怎样处理才好？童年唯一的一次全家出游，结果刚要出门却来了客人，怎么能那么巧呢？寺院围墙外大概是个集市，讨价还价，人声嘈杂，都是卖什么的？……这些杂乱无章的念头一个接一个，搞得头都要炸了。我拼命想要拉回自己的念头，可是越急越乱，怎么也纠缠不清，实在无可奈何。过不多时，困意又来，对于我这个长期熬夜晚睡的人来说，四点半起来打坐，如同梦游，可在禅堂里打瞌睡又实在不雅，而且万一有了鼾声那可要丢死人了。于是，我使劲儿把眼睛睁大，恨不得把眼皮支起来，但一切都无济于事，睡眠就像一块巨大的磁石将我牢牢吸引，让我毫无还手之力——这种种表现，就是传说中的散乱和昏沉，就像一个跷跷板的两端，我的打坐始终摇摆其间，找不到一个平衡点。

散乱与昏沉，其实并不只存在于打坐的时候，在生活当中，我们也很容易掉入这两种习惯的陷阱里。譬如说你要做一件事情，有可能被一些旁支细节所牵引，于是就顺着它天马行空般游离出去。而在游离过程中，你又被新的诱惑吸引过去，一个又一个，偏离再偏离……如此这般，发展开去，直到你想起最初的目标，却发现早已偏离了目标很远，甚至是南辕北辙。而日常生活中昏沉也是一样，我们同时在做一件事儿的时候，有的只是简单的重复，或是人云亦云的模仿，你不知道自己是不

松赞林寺的老喇嘛对我说，他会唱《北京的金山上》。

是真的喜欢这样做，也不知道这样做的真正意义是什么。只是为了做而做，为了重复而重复，这种生活是另一种意义上的死亡，因为他们在昏沉中虚耗了一生。

认清什么是散乱，什么是昏沉，对于具体的人生，对于内心的警醒，对于现实的生活，都有着充分的积极意义，而这一切，都可以从打坐中获得领悟——静而生定，定而生慧。打坐虽是坐着，如不动，仿佛什么都没有发生，却是观察自己内心最佳的时刻。

起心即动念。我们每时每刻都伴随着无数念头生生灭灭，所以我们做的一些事情，有时也未必真的发自内心——你想念一个人，是因为你不愿意失去他？还是你真的看到了他的美？你喜欢一个东西，是你真的需要它？还是别人拥有了，你也因攀比而渴望拥有它？每件事情的背后，都有你的选择，而每一个选择，都是你内心的语言。也许你心里想的是一，说的是二，做的是三，这种心口不一和言行不一，有时可能是虚与委蛇的谋生策略，也有可能是一种不冷静且不理智的习惯。但无论做事与做人，内心和行动的一致性，总是成功的先决条件。

比如你想演奏一段乐曲，总要发自内心去理解这个作品，然后考虑用怎样的情绪来表达它，甚至需要研究在哪一个最适当的时刻，将这首曲子演奏给怎样的观众——在一首乐曲的时间和空间里，你的演奏将赋予这段时空最美好的意义。如果不从这样的内心角度去分析、去思考的话，可能你的演奏不过是一个技术的炫耀，或者是身份的征服。艺术应该用来沟通和分享，如果你希望你的音乐和艺术被更多的人理解，那首先应该问问自己的内心，你有没有真正理解它，你有没有真正理解你的艺术。

在生活当中也是一样，如果你想拥有一个良好的人际关系，你想拥有一个和谐的周遭环境，那么，或许你可以先问问自己的内心，问问那些不断生灭的每一个念头：一片树叶打到你的头上，是树在故意打扰你的宁静，还是它要跟你问一声好？如果清晨一只小鸟在窗外叽叽喳喳，你是厌倦它打扰了你的清梦，还是觉得小鸟在殷勤地告诉你美好的一天又开始了？这个世间有许多种美好，许多种快乐，或许鸟儿也听得见，或许树叶也听得见，最重要的是，你的内心听得见。

或许，这就是生活的禅意——它会让你每个时刻都是充盈的，都是丰满的，都是充满了细腻情怀和温暖感受的。

修行与信仰

面对周遭生活，我们都是平凡的生命；面对短暂人生，我们都是幸福的赌徒。什么能让我们更加快乐？什么能安抚我们的心灵？曾经无比自豪的精神家园，道德底线正在模糊；光鲜繁盛的大千世界，却没有这颗心的立锥之地……这无路可逃的人生给我们留下太多的问题，如何解答？每当我沉思时，这些忧伤就会浮现出来，影子一般挥之不去：四十年来，我在音乐里学习和创作，也在生活中享受和挣扎——这是不是我别无选择的宿命呢？为什么要选择音乐的方式表达自己？为什么要选择在信仰的路上不停找寻？

音乐固然是我的谋生手段，但如果这就是我的终极目标的话，那我为什么一定要选择音乐？就我而言，是音乐先选择了我：我出生在一个音乐家庭，是父亲带我走上音乐的道路，初学时我是那么地不情愿，然而，当我发现音乐中的主动表达带给我的喜悦之后，我从被动的学习渐渐变成了主动的创造，从此就像上了瘾，一发而不可收拾——组队、写歌、演唱，直到在世界的舞台上自由抒发，不停地在反叛与创造、理想与过程之间轮回往复……我非常庆幸可以遇到音乐，音乐是我生命的形式，既可以赖以生存又可以带给我快乐。

　　我一直相信修行是让生活变得更快乐、更真实的方法，而修行的支点，往往是一种信仰。我说的信仰是接近哲学意义的思想智慧，而不是僧团党棍的排除异己、占山为王。我信仰的启蒙，应该来自小时候《西游记》中的孙悟空，他给我带来降妖除魔的快乐，同时也在我心中埋下了寻求真理的种子。在后来的工作或生活中，经常会遇到难以理解的人或事，要么充耳不闻，要么主动避开，再者就是与之理论抑或发狠，但是这些方法不可能解决所有问题。太多的事我们看不清、放不下，明知魔障却又无力挽回，那么，我们该如何平复内心的痛苦呢？佛法中有很多智慧就是我一直探寻的方法，例如"境由心生"，你眼中的事物不过是你心里看法的反映。换句话说，一样的事情，如果换个角度观察，也许就是另一番景象。而这幻想的"境"的本质又是不断变化的"无常"——那些曾经压在心上，我们为之痛苦不堪的巨石，或许不过是人生道路上的一粒石子；那些刻骨铭心的伤痛，或许恰恰是让我们体会"真实"本身难得的机缘。所以，在我的字典里没有绝对的失败与成功，也没有绝对的渺小与强大。即使心里时刻充满了矛盾，却从来没有放弃对真理的渴求。

为什么要在音乐里修行？因为当我们用智慧的双眼来观照事物时，很多看似无关的事物却有着相同的本质。比如在我刚接到一个新作品的时候，只能是不断地重复，那种枯燥的练习其实毫无美感可言，但在经历了无数次的怀疑与坚持之后，它终究会在舞台上绽放光彩。创作一首作品的过程也是如此，总在不断的否定与尝试之后，总是在散乱的意向与昏沉的惰性里

破茧而出——修行也是同理，在信仰的过程中我自认是不断探求的，这些年无论阅读还是探访，也接触了很多智慧的人，从柏林寺的一杯茶到纽约的洋和尚，从法鼓山的清净到那烂陀的荒凉……曾经神坛背后的光环逐渐变成真实的人和物。老实说，退转怀疑的念头经常会冒出来，即便在敬香的时候，我知道这一拜下去是谦虚、是恭敬，可有时候我依旧对自己的这种行为困惑不解。其实，又有什么不是在矛盾里成长的？或许，领悟真理的过程，远比创作一首新作品需要更长的时间。

我知道，音乐的路还很远，修行的路也还很远，我不过是幸运地遇到了音乐，并由此收获了很多朋友慷慨的支持。但我依旧是个平凡无奇的人，终日生活在自己臆想的世界里，时而踌躇满志，时而胆怯怀疑，在矛盾重重的红尘里自以为是地不断前行，至少看护好这颗心——即便它并不完美，但至少不会虚伪作态；即便它还有恨，也决不会恶意中伤。

在音乐里修行，在矛盾中信仰——如是而已。

肉身觉醒之路

　　这些年和朋友聊天的时候，越来越多地谈及健康。为了留住青春，多数人选择了运动：跑步、健身、踢球、跳舞……还有那名目繁多的保健药品轮番登场，让人莫衷一是。这些年，我一直游泳，这种运动不但对关节损害较小，还可以锻炼肺活量，对演唱也有不小的帮助——然而，游泳并没有解决我所有的问题，例如疲劳、湿疹、头昏和失眠。这些看似无伤大雅的小毛病，对生活质量的影响却渐渐明显起来。

　　如何是好？其实，办法一直在那儿，存在了几千年，谁让我们生活在博大精深的中国文化里呢？关于身体这副"臭皮囊"，道家文化早已提出了"长生久视"这样的远大理想，并给出了辟谷、内丹、外丹等一系列的修行法门，用以强身健体、延缓衰老。说到辟谷，有些人可能会联想到饥饿、难受、消瘦和营养不良，因此望而生畏，不愿尝试。对于我来说，因有过五次辟谷经验，亲身实践后得出了结论，即辟谷是一种科学的养生方法，它不但可以使身体更加健康，也是认识自我的一个绝佳途径。其实，世界上很多宗教都有类似辟谷的方法，如佛教的过午不食、伊斯兰教的斋月、犹太教的 Minor Fasts、印度教的瑜伽更是五花八门，但唯有道家文化，对身体的迷恋与贡献最深。

2014 年夏天，有朋友邀请我参加一个辟谷体验课程。当时，我正在为电视剧《十送红军》录制片尾曲《长路》，因迟迟没有完工，所以原计划七日的辟谷，最后只赶上了四天。其实在此之前，我已有过辟谷的经历：九十年代，曾在家里跟着资料辟谷过三日，所以，对饥饿我并不恐惧，当时除了胃部有些灼烧感之外，并没有更多的感觉。但是这一次，短短四天的经历，却让我彻底改变了对辟谷的看法，并且对中国的道家思想有了更深刻的体会。

我参加的辟谷团队，是由道家养生协会会长大夫道人和他的学生带领的。我前后三次辟谷，方法都一样：不吃饭，只喝水。辟谷开始的第一天最重要，指导老师会带领大家清理肠胃，这是很多人都会忽略的环节，其结果会导致在后面的辟谷过程里，虽然没有进食，但肠胃却会继续吸收毒素，最终使健康受到不利的影响。

如果说辟谷就是不吃东西，也不全面，我们要吃"空气"。在整个过程中，大家每天都会练习"玉蟾翻浪功"和"服气功"。在这两个功法中，前者可以消除胃部的饥饿感，后者可以抑制胃酸产生。练好这两个功法，是辟谷的基本保证。有了这个前提，在整个的过程里，无所适从的肠胃就不会给你带来什么困扰了。

辟谷，是一个向死而生的过程，类似于电脑重启系统。美国南加州大学的一项研究证明，当人的身体在经过了两至四天的饥饿后会进入"应急模式"。他会主动淘汰掉身体内的受损细胞，并会发出信号，让干细胞重生，"重建整个免疫系统"，道家形容为"真气"的唤醒。辟谷所谓"治病"的理论依据，就是源于这个过程。就我个人而言，在第一次辟谷之后，那困扰了我几年的湿疹，基本消失。别看这是小毛病，但我之前曾经在国内外几次求医，却没有治愈的良方，这次的改变，不能不说是个小小的奇迹。

在辟谷期间，顺应自然的作息安排，也使我获益良多。我有连续二十年的熬夜习惯，因为安静的夜晚没人打扰，无论创作还是阅读，都能集中精力，效率很高，所以，就算知道早睡有益健康，我也是不以为然的。可是，经过了几天的"子午觉"之后，发现只要在子时以前入睡，即使睡眠时间不多，第二天的精神依旧很好，一直以来的疲乏状态好转了，取而代之的是更为清晰的逻辑思维，还有那久违的晨光中的苏醒。

2008 年，在旧金山歌剧院排演的歌剧《接骨师之女》中饰演道士。
或许是缘分，几年后便与道家文化相遇了。

身体上的所得只是第一个层面，从第二个层面来说，辟谷期间对于道家思想的体会，也使我对传统文化的信心更加坚定。多年来，我在传统文化中跌跌撞撞，始终对一些经典里的字句心存疑虑，那些"不食五谷，餐风饮露"的人，是真的存在还是艺术加工？这关系到其引申的观点是否真实可信。但是，在亲身经历之后，那些掩蔽于"神秘面纱"后面的奇谈怪论，变得有路可循，渐渐清晰。打坐、功法、规律的作息，看似与辟谷无关，实则紧密相连，这恰恰表现了道家功法"道法自然"抽象概括的特点。

在这里，要介绍一下指导辟谷的老师们：这是一群潜心研究道家养生智慧并实修实证的人，他们将"儒、释、道"对比参悟，也在研究传统中医、道医的同时，参考现代科学的研究成果，试图运用先人的智慧弥补现代社会中的不足。这是一种需要综合素质、概括思维和全局观念的文化形态，然而在西学东渐影响下的新式教育模式里，并没有可以容纳横跨如此多门类学科的位置。看到他们如此健康有序的师承，我的心中自然也多了一份惊喜，并希望未来有更多人加入其中，恢复那奄奄一息的道统。

第三个层面的收获，是在灵性方面。这听起来似乎就有点玄——如果您对身体的神秘体验持有怀疑态度，那么接下来的描述，或许会令您不悦。不过，但请允许我如实表达出来，因为这是我真实的体会。在辟谷期间站桩的时候，我的手上又出现了"气感"。我几乎可以确认，那是从每个手指尖放射出的一条白色气柱——这种现象在我十几岁的时候曾经出现过，但是随着年龄增长，气感早已消失。我曾反思过这种体验的真实性，不过最后断定，是年轻时丰富的想象力所导致的幻觉。然而多年以后，当它重新出现在我身体上的时候，我的心情格外激动，这种气感究竟是什么，对现实生活有什么积极的作用，我不知道。但是这种体验的真实性毋庸置疑。如果说科学在不断发展进步，那么，我们是否应对这种体验抱有开放的态度呢？或许有一天，科学可以证明这种体验的真实性，从而使我们对自己的身体认识得更加清楚。

在辟谷期间打坐，也会有不小的收获。我开始打坐是在十多年前，但不够努力，时常间断，所以直到现在，盘腿的功夫也没过关，依旧是"酸、麻、胀、痛"。可是，在辟谷期间，思维好像更容易集中，在脑海中居然屡次出现同样的一幅景象：在一片幽蓝静谧的海面中间，耸立着一座绚丽的彩山，天上云霞环绕，五色斑斓——如果说这又是幻觉的话，它却在我每次打坐时反复出现。后来，我就这个问题请教了大夫道人，他轻松地回答说："你的身体里还有湿气。"是那片海吗？可是这幻想中的海，与身体的湿气又是怎样联系的呢？这恐怕又是个待解的谜了。

辟谷结束后，复食也很重要，如果草率从事，不仅会使辟谷的效果打折扣，严重的话，甚至会对身体造成伤害。因为辟谷期间我们的肠胃处于休息状态，所以在恢复工作的前几天，一定要从细软清淡的素食开始，而且这个渐渐恢复的过程，应是辟谷时长的两倍，并且要尽可能保持身心愉悦，不能马上进行重体力的劳动。我个人在第二次辟谷之后，正好需要搬家。当时觉得体力不足，但并没有介意，可事后发现，那一次的辟谷效果明显打了折扣，一个月后就恢复到辟谷之前的状况了。

说到辟谷的风险，这是重中之重。很多人在辟谷之后，身体各方面的状态极好，甚至酒量大增，所以就放松了对身体的爱护，又开始暴饮暴食，酒色无度，最后给身体造成了严重的伤害。其实我们体验辟谷，也是体验一种返璞归真的生活状态，如果左手养生，右手放纵，那么看看历史上那些短命而穷奢极欲的君王，纵然有倾国之力，也是回天无术的。

现代生活中过度的欲望和食物，不断装满了我们的身体，我们是不是应该重新考虑一下"减法生活"的真正含义？是不是该清理一下身体这个"房子"，让我们今生得以安住？以辟谷来说，我们断绝了食物的摄取，看似做饮食上的减法，但身体收获的健康，却是另一种所得。也许有人认为，道家的"恬淡虚无"是对现实社会的一种逃避，然而，当我们暂时停下疲惫的脚步，通过打坐感悟到内心与世界相融的同体大悲时，那种涌自内心的爱和感恩，将让我们收获从未有过的快乐与感动，并传递到周遭的社会和身边的人。

在繁华世界里，关于生命的形态，每个人都有自己的选择。我觉得，辟谷的确是一条通过洗涤心灵而让肉身觉醒的大道。

也谈创作

　　一说起创作，我第一个反应就是深夜——无论阅读也好，创作也好，对我来说更适合在夜深人静时进行。因为很静，而且没有人和事的纷繁打扰，思路和灵感容易获得，也比较容易进入情绪和状态。我特别珍惜夜里这段属于自己的时间，所以，我常年熬夜，一熬就是二十年。

　　熬夜的人生基本没有上午，因为熬到天刚亮时就该睡觉了。那时，我并不觉得这种生活方式对健康或者对创作有什么影响，甚至觉得工作就应该是这样，而且是一种最好的创作方式。直到有一天我在录音室里检测声场环境，当音频测试仪器的声波转到 3000 赫兹的一个频点时，别人都能听到，而我却听不到这个声音。经过反复检测后我才发现，原来毛病出在自己的耳朵上，我一直存在的耳鸣正好呼应了那个频率，所以，我以为那个声音并不存在——我猜想我的耳鸣已有很多年，只是我因疏忽不曾察觉。至于耳鸣的原因，无外乎长期疲劳外加长期做摇滚乐以至于耳朵受到损伤，再加上我戴耳机听音乐的时间过长，这其实是一个长期的恶性循环。

发现问题总比蒙在鼓里强，既然是身体出了毛病，亡羊补牢还不算晚。于是我下了狠心，每天十二点前一定上床睡觉，绝对不熬夜。当连续十天都早睡之后，我发现耳鸣的问题好了很多，于是更坚定了我的信念——我开始重新考虑自己的生活：人到中年以后，应该在努力自己事业的同时，也开始维护自己的身体。这样，可以让事业做得更平稳，不会过早出现有关健康的问题与困扰。

作息逐渐规律之后，再不会熬夜了，但创作的灵感依然要寻找。有些作品因为情况特殊需要在极短的时间内创作出来，那么我也有特殊的应对方式。比如在年初，香港导演王家卫要在美国大都会博物馆做他的《镜花水月》展览，时间非常急迫，委托我为《镜花水月》创作一组总长约半小时的音乐小品。我们见面时是三月底，而展览开幕是五月初，王家卫先生希望能在四月下旬拿到这组音乐小品的成品——这几乎是不可能的任务，因为留给我的创作时间实在少得可怜；而我在四月中旬之前，必须为在美国的新作品首演做准备，加上从中国到美国的往返路程，留给我从创作到录音、制作出成品的时间，仅仅三五天，这绝对是最高难度的挑战，但我还是很愿意接受这个挑战，因为王家卫导演在给我限定了严苛的截稿时间之外，也最大程度留给我创作的空间，我想怎么做就怎么做，所以我对此也非常感兴趣。那么，如何在极短的时间内调动最大的创作灵感和体力呢？我选择了打坐与控制饮食的道家功法，果然获得了极大的收效。

打坐和控制饮食，可以保证创作的充足体力和最佳思维状态，因为从美国飞回北京，倒时差是最麻烦的事情，有时会令人身体难受三天甚至一个星期——而回国三五天后就是我的截稿日，如果不能顺利克服身体倒时差的问题，那这次创作挑战就算是失败了。于是，我从北京飞往美国的航班上就开始闭目打坐，积蓄体力，同时饮食减半以减少身体在飞行中的不适。到美国后我直接住进了酒店，拉上房间的遮光窗帘，营造出一种没有白天黑夜界限的无时差状态，我以平时的作息时间工作和思考创作，极度困倦的时候就睡几个小时。演出前后也补充了充足的睡眠，而每天基本只吃一顿简单的饭菜，使自己的身体和思维都处在清爽的状态中。我用一个笔记本电脑写音乐，如果身体疲劳了，就活动活动身体，或者在走廊上走一走。如果没有灵感的时候，我就继续闭目打坐，因为在打坐冥想的时候，音乐很容易自己出现。如此过了三天三夜，我在房间里创作出了第一段音乐小品。在美国的演出结束之后，我在回程航班上依然保持打坐和控制饮食的状态，等到达北京之后，我基本处于无时差的状态中，又用了几天时间，我将整个音乐小品创作完毕，算是成功地完成了这次挑战。

这组音乐小品叫《镜花水月·四季》，其实都是我用打坐、禅定以及控制饮食和静心，在一个比较深层次冥想的状态下完成的。所以，这组小品在我的创作经验里面，也是很特殊且很有启发性的：人完全可以通过控制饮食让头脑时刻保持清醒，然后通过打坐让自己心静。那个时候身心特别宁静，非常容易集中精神考虑自己要做什么。而且，因为没有身体的困扰，你每天有很多的时间可以进入创作状态，让创作的思路和灵感自然而然地出现。有时我打坐后进行创作，内心会升起一种莫名的感觉，所谓"万物合一，同体大悲"。我看到窗外街上的行人，看到远处的一草一木，好像它们和我都是合一的，我能感觉到很多喜怒哀乐，我会充满热情地看待每一个生命，他们都是如此了不起的创造，如此了不起的一个存在，然后我会发自内心地生出一种欢喜和悲悯的心情。

这个时候再去搞创作，会非常从容，也非常容易生出一种感恩与赞叹的心情。

能饮一杯无

　　据说古人写诗也喝酒，唱歌也喝酒，在微醺或大醉之后，名篇名曲从此诞生。很多人认为这都是酒的功劳，就我个人来看，未必真的如此：如果是演唱或是演奏很熟悉的作品，然后还希望能有更好的情绪，更多的即兴灵感，那么演唱之前喝适量的酒，可能会让人更快进入情感之中，使灵感和激情涌现出来——从这个角度来讲，喝酒对音乐还是有所帮助的。但如果是在一个非常缜密的现代派的音乐演奏中，还需要在舞台上与交响乐团或者指挥家进行默契配合的话，那么在酒精的作用下，可能会让人很难将精力集中在细节上，从而把一场演出变成一次可怕的灾难。

　　应该说喝酒对于演唱来讲，90% 是没有好处的，但偶尔也能派上特殊用场。比如说有时候，我的嗓子因为感冒或者着凉，或者睡眠不好，声音的高音不够了，本该有的高音唱不上去，怎么办？酒就可以暂时性地解决这个问题：在演出之前我会喝一点白酒，因为这样可以令声带充血，很容易唱出高音——这绝对是下下策，是一种损失性的透支方法，这样唱过一次之后，嗓子得用一周甚至更长的时间才能恢复。有些朋友唱卡拉OK时喜欢喝酒，而且喝的多半是啤酒，这对嗓子同样具有很大伤害：啤酒与白酒相反，它能让人的嗓子完全放松下来，唱低音还好，一旦遇到唱高音的时候，就很不容易唱上去，要付出比平时更多的气力来唱这个高音——于是，很多人从卡拉OK出来后，嗓子就哑了，这是因为拼命地人为挤压声带的缘故。

喝酒对于创作来说，倒有一定的助力作用。我在轮回乐队时期所写的很多歌词，都是在喝酒的状态下创作出来的——不是大醉，不是宿醉，只是喝一两瓶啤酒的状态。因为有时候，创作会陷入一个死胡同，很有可能字斟句酌到了一定程度，精神非常紧张，没有办法跳出思维，所以适当地喝一点酒可以让脑子放松下来，让人打破原来的界限，天马行空地想，然后把想到的记录下来。这是发散性的思维，虽然不是缜密的字斟句酌，但可以让自己有一个很放松、很开阔的思维可能性，这就是喝酒对于创作的最大帮助。

我觉得，酒只要喝到位即可，所谓"小饮怡情"即如此。朋友们聚在一起聊天，喝一点酒很开心，可以很快打开自己的身心，能让感情更热烈——比如丝路乐团的伙伴之间的碰杯，这对舞台上的合作尤为重要。可能就因为你在后台这相互一碰杯，一声"Cheers"，大家在舞台上就多了一份默契。大家相看的那种眼神，哪怕是一瞥当中也有了默契，音乐就多了一份情感，变得更加鲜活，感情也变得更加真挚自然。这样，在舞台上才算对得起观众。所以对于我来讲，小饮是非常愉快的事，尤其和朋友在一起。如果喝酒过量，那就是糟蹋身体，所谓"千杯不醉"，我觉得那完全是浪费酒，消耗身体。喝酒要有喝酒的体会与快乐，既然喝也喝不醉，那何必要喝酒？不如把酒留给那些能喝醉的人。

如果喝酒给我带来的是热情，那饮茶带给我的更多的是一种慰藉。在自己安静的时候喝一杯茶，你可以感觉到三杯五杯茶以后，那种稍微有点出汗的身心舒态。当茶气行经全身经络之后，你能感觉到茶的那种自然的香气，能体会到这种植物生长的味道，你可以赞叹人类这种可以享受天地之间精华的智慧，这是令人非常开心的。

其实，茶对于我来说，还有另外一种非常重要的作用，那就是疏解我的乡愁。在国外演出或旅行，泡茶的简易套装是我必带的——小到福建的旅行工夫茶套装，到三件套的沏茶杯……各种旅行随手泡的茶具我都有，同时，我还会带一只电热烧水壶。尤其在美国和加拿大，人们都习惯喝凉水，甚至生水都可以随时饮用，没有喝热水的习惯，所以很难在酒店里找到热水壶。我必须自带烧水壶，就是为了泡茶。在国外旅行久了，你很难不想家，我甚至可以不吃中国菜，但是当我想家的时候，必须要喝一杯老北京的茉莉花茶。这一杯茉莉花茶对于我来说意义非凡，它可能不如清茶淡雅，不如乌龙茶品种丰富，但这就是家乡的味道，无论多么深的乡思，只要一杯茉莉花茶喝下去，我就充满了幸福。

其实，茶和酒是相辅相成的：没有茶，酒会变得相对浮躁，过于粗犷。可如果没有酒，单有茶也不行，因为过于冷静，少了一份冲动的喜悦。当然，我也喝咖啡，这又与喝酒、饮茶不同。我喝咖啡没有太多讲究，虽然也知道不同的咖啡磨出来的味道是不同的，但我并非在惯饮咖啡的环境里面长大的，所以对咖啡没有太多感情，它只能起到提神醒脑的作用，尤其是在倒时差的时候。我现在有了更多更好的方式来倒时差，但在此之前，我绝大多数时间都是喝咖啡。每当我到一个地方，需要马上投入工作的时候，就尽量多喝咖啡。

有一次，我一口气喝了四杯咖啡，到最后肌肉都在抖动。在舞台上演出的时候，我特别担心自己会心脏病发作倒在舞台上——这真是一次的可怕经历！

W U T O N G 'S
· V I E W S ·

大味必淡

　　不得不说，我的口味还是偏咸偏重的。吃炸酱面不用说，要酱多味重，就算吃饺子，馅儿也得先用酱煸炒过，才觉得有滋味。至于火锅、麻辣烫更是分外热衷，有段时间吃得凶，熬夜创作后去吃，能吃到天大亮，吃到嘴和舌头都麻木了还不够，最后连麻辣的油汤都要喝几勺——每天都如此，真正是无辣不欢。

　　到了国外演出也不例外，吃饭照例得找川菜馆，因为吃得过瘾：其实在纽约也好，在印度也罢，华人开的川菜馆总是最流行的，中国人爱吃，外国人也爱吃——前提是外国人得习惯才行。他们第一次吃这种口味必须是微辣，否则身体根本吃不消这种辣，弄不好就得拉肚子上医院——毕竟咱们这种重口味饮食实在太刺激了。然而，那时我并不觉得有什么不合适，似乎早已习惯那种越吃越辣、越辣越吃的疯狂状态，早已习惯那种饭已吃完但口腔里还在辣辣地灼烧的爽快，吃得心潮澎湃，吃得神采飞扬。在这种味觉的大狂欢中，我不知道是我选择了辣味，还是辣味选择了我，总之就是被这样一种很重的口味所控制，并且乐在其中——这种疯狂的重口味一直持续了很久，直到我在无意中感受到了淡味后，才骤然发生翻天覆地的改变。

那是在2000年，我因为很偶然的机会去柏林寺禅修了三天，饮食起居都和寺里的师父一样。在午餐时，我吃到了他们日常的素餐——实在太简单了，值日的师父拎着粥饭菜桶，手里一把长长的勺子，边走边给大家分餐。每人碗里都是一勺饭，几勺不同的菜，再拿一个馒头，看上去寡淡至极，可吃到嘴里却很受用：没有浓烈刺激的味道，有的只是食物的清香与本味，即便只是最简单的粉条、白菜、豆腐，也会觉得特别好吃。那是一种身心都接受的愉悦，以至于吃完一碗还想再来一碗，我也是第一次感觉到素食居然有这样好的滋味。

三天的禅修结束后，我回到家中，开始了为期七年的素食生活——因为我已经爱上了这种清淡饮食的感觉，再也不留恋所谓的浓烈口味，甚至连肉也不吃了。我的素食生活，其实与宗教并无绝对关联，只是一种淡味之味对我的感召，而我接受了，仅此而已。七年的清淡饮食，对我的改变也不小，最突出的就是我性格的改变：原来我是非常火爆的脾气，动不动就会发火。但七年下来，我的脾气日趋平淡，看一切事物都很美好——或许，这也与心境有关，我内心也希望自己可以更平衡、更平静一些，或许清淡的饮食只是一个契机。

如今，我的饮食趋于随意，即不必为了素食而素食，我吃大量的水果、蔬菜，也不拒绝蛋奶或是白肉，但味道一定是清淡的，这一点很重要。尤其是在禅修和辟谷之后，身体会非常干净，回到家里就完全接受不了味道太浓的东西，因为太浓烈的味道会盖住食材本身的味道，而我却喜欢食物最真实的本味。比如有机蔬菜，它们并不茁壮，甚至长相丑陋，但这样的蔬菜吃起来才有真实的味道：西红柿有原始的酸味，黄瓜有扑鼻的清香……这样的蔬菜即便生吃，它们的味道也非常美——能够体会到清淡的味道，才能享受清淡饮食的乐趣。吃火锅、麻辣烫那种高度刺激的状态，让人不舒服却又很紧绷和兴奋，而清淡的饮食可以让人的情绪维持在一个比较平静的状态，可以持续工作，持续思考，不会带来任何情绪的波动起伏，吃的时候舒服，吃完之后身体也没有什么负担。

当然，我也不是绝对禁辣，其实这些年，我偶尔也会吃一些辣的东西。但也许是长期的清淡饮食使我的味觉变得敏锐起来，我在其中品尝出了一些奇怪的思考：如今辣的食物是最受欢迎的，无论菜肴、快餐、烧烤还是零食，但我在很多的辣味制品中，都能吃出一些非天然的味道。这种辣味是虚假的，可能是辣味素之类的化学味道，此时我就会生出一种愤怒——饮食的本身是给人以滋养，而这种不道德的化学味剂靠虚假的辣味体验达到赚钱的目的，却不考虑对食客健康的损害，这是一件非常可怕的事儿。这种饮食的欲望可能会给我们带来生活中的一种错误选择，无论身体上还是道德上，都会让我们失去很多——与其这样，不如我们想一想，如果饭吃七分饱，会是什么样的状态？如果饮食清淡下来，又会是怎样的味道？如果我们吃得少一些，味道淡一点，可能你的心情会更好一些，你的脂肪也不会太多，"三高"和心脏病也会离你而去。你并不需要大量饮酒，也不需要浓重的味道来平衡自己这样一个已经被激荡起来的心和身体，因为身体已经很舒服很平静。可能原来要加很多辣椒、花椒、八角以及各种香料才能满足你的胃口，现在也许只需要加一点盐、两滴香油，就会觉得实在很好吃，并且可以体会到更深层次的味道。

饮食是这样的：多味不如寡味，重味不如淡味，有时少即是多。其实，音乐也是如此：激烈的音乐很刺激，但缓慢的音乐更动人，因为激烈的音乐只要重复一个技术，添加丰富的和弦色彩，以及矛盾和情绪的冲突，就可以营造出光怪陆离、五光十色的音乐世界。大家可以不断地被刺激，被勾起兴趣，然后被这种音乐抓住，甚至可以被感动。但缓慢的音乐，必须要投入全部的灵魂，每一分每一秒都需要高度专注，这样才可以让缓慢的音乐，拥有连绵不断的气韵，让音乐有足够的时间与听者心心相印，让听者进入深度欣赏和聆听的状态中。听完这首音乐，听者的身心几乎等同于得到一次洗礼。

古人说大味必淡，又说大音希声，其实都是一个道理——当我们学会在清淡的饮食、简单的音乐中，体会到更多的灵魂深度时，这种味道和音乐，或许可以唤起你内心的一种平静的可能。

■ W ■ U ■ T ■ O ■ N ■ G ■ 'S ■
· V · I · E · W · S ·

"眼镜哥"的幻想曲

　　去贵州参加活动，结束后返程飞往北京。因是一早起飞，所以机舱内乘客并不多。我的座位靠窗，横排一溜儿望过去，也只有另一侧靠窗的座位上才有一位乘客：中年男子，衣着休闲，小分头，黑眼镜。登机后的动作干净利索，一看就像一个经常旅行的人——姑且叫他"眼镜哥"好了。

　　飞机刚起飞，眼镜哥就拿出 iPad，开始不顾一切地"拼杀"起来——我猜那应该是切水果之类的游戏吧。旅途寂寞，切水果的同时消磨时间，也是一种选择。可这位眼镜哥动作幅度之大，用力之猛，让我忍不住唏嘘侧目，暗自观瞧：只见他牙关紧咬，面部抽搐，镜片后面的一双眼睛杀气腾腾，盯着屏幕似乎遇到了几辈子的冤家对头，必要雪耻方解心头之恨。眼镜哥拼杀时的"战姿"可谓壮烈，他采用的是二郎腿外加斜向侧仰，胸部基本平行于大腿的那种高难度作战姿势。肩、颈部受到的压力使他的面部充血，青筋暴露，眼球突出，格外有范儿，让人瞬间脑补评书里说的那些马上战将，为躲避暗器使用的金刚铁板桥的功夫。纵使空乘人员端茶送水、分发午餐，眼镜哥兀自不理、一心恋战，那伺机而动的手指，因为高度紧张而颤抖着，而每一次削砍动作，更是戳得屏幕砰砰作响——也亏得 iPad 质量这样好，在如此指力的重击下，居然还能金刚不坏，运转正常。看来，苹果公司对目标用户的使用范围和产品的耐用程度都做了充分的预期，要不怎么直接叫"挨拍的"呢？我暗自想想，心中的敬意油然而生。

机上的午餐刚刚结束，本以为眼镜哥"战事"缠身，午餐就免了，可没想到，要么是一局结束，要么是拼杀消耗体力过多，需要补充一下热量，眼镜哥把"挨拍的"轻蔑地往旁边的座位上一扔，抬起那经历了血雨腥风的臂膀，一挥手要了份午餐。空乘送来了午餐，眼镜哥熟练地翻开邻座的小桌板，将自己的餐盘往上面一放，身体稍稍向前一倾，在放下二郎腿的同时，奇迹发生了。只见此时的眼镜哥气沉丹田，虎目圆睁，后腰一用力，经过胸腔、咽喉，直至口腔，"阿哈"一声咳出了一口痰。这声音非同小可，好似晴空霹雳，声波直接压过飞机引擎的轰鸣，持久、高保真、环绕立体声地覆盖了整个机舱，并在每一位乘客的耳鼓中余音绕梁、久久回荡。您要以为眼镜哥自此偃旗息鼓、安心用膳，那可就错了——这一场轰轰烈烈的饕餮交响曲，不过才刚刚开始。

要说眼镜哥的身体耐力，还真非一般人可比：即使吃饭，他的姿势依旧保持着"作战"时二郎腿加斜向侧仰的姿势。尽管他要伸直手臂，才能夹到邻座餐盘里的食物，但他决不会打开自己的小桌板——估计这会影响英雄形象。再看眼镜哥吃饭的表情，真是眉头紧锁、面部抽动，镜片后的双眼，比刚才杀气更甚，好像对餐盘里那些鲜艳而精致的食物燃起了比之前更大的愤怒与仇恨。恍惚之间，眼镜哥的双眼似乎透过眼镜射出两道寒光，鼻孔里也喷出两股白色的烟雾，一场令人脑洞大开的人与午餐的 CS，就在快速的选择、捕捉、送入、咬合这样周而复始的动作中完美展开了。您听过牙齿咬合的声音吗——那种上下牙带着力量粉碎食物的时候，由于牙齿咬合带动下颌以至头骨整体共鸣的铮铮作响的金石之音？没有的话也不要紧，您一定听过新年时寺庙里的钟声。不同的是，钟声只有几下，而这声音的频率之快，持续之久，犹如潮水般前仆后继，滔滔不绝，足以让你联想到坚硬的钢牙铁齿、广阔的口腔，以及深邃幽远的食道。

很难想象，造物主居然让人类的身体蕴含了如此大的潜能。那些温文尔雅、悄无声息的用餐，简直是对人体动作的协调性和各部位器官配合共鸣的肆意浪费。

眼镜哥的午餐，真可谓一部关于进食的幻想曲。在高潮段落到来的时候，你可以听到，由一餐饭产生的所有声音的可能——那些刀、叉、碗、碟相互撞击的声音，如同乐队里的木管声部，灵活而频繁。咂巴嘴、嘬牙花和间或短促而深沉的叹息声，如同弦乐声部，刻画出一个英雄慷慨赴宴后酣畅淋漓的人物性格。全曲最具想象力的，是用餐过程中，突然一记响亮有力的拍大腿的声音——这神来之笔有如天助，好似乐曲当中独奏者的即兴华彩，那出人意料的效果，让作曲家所有的构思都相形见绌。眼镜哥的午餐可谓惊天地、泣鬼神，将食物、声音、身体、人性和霸气融合得神形兼具，浑然天成。就在这声音的交响发展到最高潮的时候，随着另一声铿锵有力的、发自肺腑的咳痰声，眼睛哥的午餐竟然在最喧嚣处结束了——太完美了，此处无声胜有声。在音乐发展到最辉煌的时候戛然而止，根本不屑于传统美学的起承转合，只是勇敢地留下了，这突如其来的空白。

眼镜哥将头转向窗外。午后的阳光，从外面照射进来，他的身影，在渐渐散去的硝烟中，依旧岿然不动。但是从逆光中的嘴部轮廓变化可以依稀看出，他的口腔还在咀嚼着剩下的食物。只是因为食物不多了，所以动作幅度不大，但是频率却越发轻快了。

　　旅程过半，虽然我还不曾将手中的书看完一页，但是与眼镜哥这般人物同行，也算刻骨铭心。我正盘算着，在降落前该睡一小会儿了。只见逆光中眼镜哥将身一转，以迅雷不及掩耳之势丢下手中的筷子，在收回胳膊的同时，顺手一划，又抓起了那个"挨拍的"。这动作一去一回，有如行云流水，熟练得就像又从餐盘里夹了一口菜。

WU TONG'S
· V · I · E · W · S ·

音乐表情练习

练习一

和谐 —— 最完美的相爱，是从来未曾相遇

切分音 —— 无产阶级的兴奋剂

三连音 —— 三只孪生海豚，傻傻分不清楚

重音 —— 功利思想浓重的偏执狂

颤音 —— 当春天的风吹皱了一池湖水

装饰音 —— 棒喝，真理的面具

连线 —— 为了集体主义梦想而奉献自己

小节线 —— 所有阻隔，只因没有跨越时间的维度

渐强 —— 欲望下意识地打了个哈欠

渐弱 —— 东方主义的玄机

突强即弱 —— 矜持的内敛

渐快 —— 自由落体，在坚持中成全自己的意义

减慢 —— 退一步，海阔天空

休止符 —— 听，天籁

练习二

八度关系 —— 透过玻璃，看到轮回中的自己

小二度关系 —— 争辩只能带来更深的误解

大二度关系 —— 君子，和而不同

小三度关系 —— 一片春情更兼细雨

大三度关系 —— 肿胀的肱二头肌

纯四度关系 —— 乡愁，无以为寄

增四/减五度关系 —— 向前一步是惊心

纯五度关系 —— 仙鹤、牧童、晨雾里灵动的风情画

小六度关系 —— 黑夜再长，也有黎明

大六度关系 —— 希望的圣咏

小七度关系 —— 我们好像见过

大七度 —— 自思量，与希望只有一层纱的距离

练习三

2/2 拍 —— 嘘！严肃点，我是认真的

1/4 拍 —— 从心所欲，而不逾矩

2/4 拍 —— 平平淡淡才是真，白菜豆腐保平安

3/4 拍 —— 春情摇曳的舞步

4/4 拍 —— 君臣佐使，克己复礼是基础

5/4 拍 —— 迫不及待的叮嘱

6/4 拍 —— 摇篮，母亲的臂弯

7/4 拍 —— 湿婆神的火焰

3/8 拍 —— 快乐，不需要理由

5/8 拍 —— 粗犷的塔吉克男子汉

6/8 拍 —— 安第斯山脉的笑声

7/8 拍 —— 雄鹰在帕米尔高原上空盘旋

9/8 拍 —— 刀锋上的狂欢

11/8 拍 —— 伊斯兰龛的科学之美

12/8 拍 —— 绿洲中的阿拉伯马

15/8 拍 —— 旋转，苏菲神秘主义的旋转

音响的意义

　　最近有朋友向我咨询，在家听音乐，买什么样的音响比较合适？因为市面上的音响很多，有便宜的有贵的，还有发烧级的，实在不知如何下手才好——这恐怕也是大多数人遇到过的困扰。

　　作为一个音乐人，我所用的音响和耳机都是专业级的，但都不算最贵的那种——我一直认为，任何电子设备（包括电饭煲）的价格高到了一定程度后，它都会给你很多附加的东西，而那些东西是没必要且不需要的。至少从音乐的角度来讲，太高级的耳机也好，音响也罢，更多的时候可能是起到了美化声音的作用。而作为从事专业音乐创作的人来说，声音的过度美化，其实并不是一件好事——我们更需要真实的声音效果。

　　我平时创作时所使用的音响，是一对 ADAM A7 的监听音响。对于我来说，这对音响已经足够满足我的需求：无论创作还是听音乐，它都能够非常真实地还原音乐的效果。试想，如果创作一首作品时进行录音，经过一对更高级更美化声音的音响传到我耳朵里时，我很有可能会过高地估计这首作品，而一旦同样的作品放在别人的音响上表现的时候，有可能会变得逊色不少——要是这样的话，可能会造成我对音乐本身的判断不准。所以，对于音响，我只要求它能还原声音，可以适当地美化。在我的录音棚当中，用的是一对 Genelec 8040A 音响，也只是几万块钱一对的音响。如果从实用和工作的角度来说，录音棚的音响设备只要能真实还原就好，因为在棚里录出来的音乐成品，要面对不同的人，通过不同的音响设备来表达。最专业的录音棚一般同时会配备很多对音响设备，有很高级的音响，同时也有很便宜的家庭音响。这样配置的目的，其实就是为了让自己做出来的音乐，在不同的播放设备上都能有一个相对完美的表达。

　　很昂贵的音响，贵在它能输出非常大的功率，然而这是在我们现实生活中最难用到的一个功能。因为正常的音乐播放，并不需要那么大的输出功率，长时间听太大声，耳朵会受不了，而且会产生噪音污染，周围的人也受不了。其实，加大播放音乐的音量，是录音棚的一个秘密武器：当你第一次去录音棚审

录音室里的 Genelec（真力）音响

我的第一个录音栅——"吞吐楼"。

听一个作品时，可能稍大一些的音量，更容易使你喜欢它，因为音乐会排山倒海般扑面而来，就好像你吃饭的时候多放一些盐——这是有些大厨师成功的秘诀，但他可不管你吃完之后口干不干，心跳快不快，晚上睡不睡得着，反正当时吃着很可口，味道很浓厚。音乐也一样，大音量总能调动人的情绪，但对人身体的损害也是立竿见影的。一个真正优秀的录音师，会在大的音量和小的音量之间交替着来制作音乐。当他完成混音的最后阶段时，通常会用很小的音量来听——因为在很小音量的状态下，他能够听到更精微的音乐层次和比例，而在声量大的时候，听觉反而会变得粗钝起来。

专业音响我主张不必用特别贵的，但家庭音响也不能用太过便宜的，比如用来上网的电脑，我也会装一对几千块钱的音响。因为有时候，即便听的只是网络上的一个 MP3，一个专业点的音响对音乐的还原程度，要比电脑自带的拙劣音响好得多，人也会更享受些——事实上，即便是听 MP3，它的高低频也不会完全衰减掉。而如果只用一个非常便宜的电脑音箱来听的话，声音很有可能会变得非常薄、非常扁，听起来刺耳且毫无美感，只剩下一些音符的影子，从而破坏了音乐的意境。当然，现在也有很多商家过分强调奢华的家庭音响，动辄几十万一套，宣传说能营造出家庭影院的效果。这话也不必当真。是不是有影院的效果不光取决于音响的好坏，还在于屏幕的大小、灯光的配套。家庭音响的话，只要是专业级别的万元左右的音响，无论欣赏音乐还是看电影，足可以表达声音的中高低频的要求了。

音响是音乐录制现场的再现——无数作曲家、演奏家和录音师，他们付出毕生的精力所要探求的，都在那些乐曲之中。而所有的这一切，如果只用一对廉价的电脑音响来播放，你只能听到些许干瘪的音符而已。当你有一套好的音响时，你所播放的音乐，或许可以突然让你想象到曾经的一次旅游，你曾经在街上遇到的一阵微风，或者让你突然感受到来自天堂的音乐浸润你的身心的感觉，或者是秋风拂过，或者是鸟语花香，或者让你感觉到隆冬时节一片白皑皑的世界……种种世界的神奇，它都能让你得以感受，让你在真实的世界当中，沐浴到梦想的美。

好的音响之于生活的意义，其实就是音乐之于生活的意义。

六 PART SIX 旅 途 们

WUTONG'S
· V · I · E · W · S ·

W U T O N G 'S
· V I E W S ·

旅途，从打包行李开始

　　老话说"在家千日好，出门一时难"，只因旅途中的舟车劳顿是最麻烦的事情，而现在有飞机、有高铁，出门变得不再困难。但毕竟还是背井离乡，离开自己熟悉的环境，所以进行一些准备还是必要的。这些年来因为工作的原因，旅行早已成为我生活的一部分。出行之前的申请签证、练习作品、调试乐器、收拾行李，所有准备工作像流水线一般顺利进行。

　　我总是首先准备好各种旅行证件，因为如果出门没带护照，那一切都无从谈起，连飞机都上不去。所以，旅行护照、演出的邀请信，以及签署的合同必须首先收好带上——有时候会遇到一些意想不到的麻烦，而工作证明就是旅行的签注背后的重要说明，所以这部分的准备多多益善。我会把所有旅行的背景资料，包括护照、邀请信、合同，以及演出单位的宣传册等物品，放在一个单独的文件夹中，搁在随身的行李里。当然，我还得摸摸我的钱包，里面有不同国家的货币。这些货币我在家中常备，因为常年出国旅行，所到之处或者用美元，或者用欧元，或者用卢布，或者用泰铢，我多少都会备上一些。这些钱虽然不多，但足以在飞机落地后买一瓶水，或者支付行李车的费用，也还是很有必要的。

一般来说，进行跨洲旅行时，我会带两只行李箱：生活物品都装在一只大箱子里，可以托运；随身证件资料和乐器都装在另一只小箱子里，寸步不离——乐器、演出服、演出用的谱子以及修笙的工具全在里面，算是我最重要的家当，我从不托运它们。毕竟，万一在旅行过程当中这些物件稍有闪失，哪怕只是一页谱子，也会严重影响我在当地的演出，所以必须随身携带。而我在选择行李箱时，也一定会买一个最小规格、任何航班都允许带上飞机的尺寸。当然，我也不会买那些表面看起来非常昂贵的箱子——因为越是那样的箱子，其实越不安全。

当把重要的小箱子填满后，接下来就是装满生活物品的大箱子了。由于装的东西会很多很杂，所以我会提前两到三天把行李箱打开，想起什么就随时放进去。除了准备换洗的衣物之外，一套宽松的运动装也是需要的——因为在国外演出的间歇，我多半会在酒店的健身房里面度过。如果没有运动服，就意味

土耳其的伊斯坦布尔海峡————一边是亚洲，一边是欧洲。

着丧失锻炼的机会。除此之外，还有必要的电子产品及其电源线：我们生活中有太多的电子产品，电子阅读器、手机、相机、电脑或者 iPad，不必全都带上，否则行李会很重。对于我而言，如果工作不多的话，我宁愿带一个 iPad 也不会带电脑，这能省去很多麻烦。如果是跨洲旅行的话，电源转换插头一定要准备好，这太重要了。否则，你会发现连手机的电都充不上——我现在准备的插头转换器都会带两个 USB 接口。这样可以在充电的同时，把手机和充电宝也充满电，让旅行的生活更加方便从容。有时候，因为你的酒店房间里可能真的只有一个插座，而你有了这样一个多功能的电源转换器，所有的问题即可迎刃而解。

耳机，是减轻旅行当中疲劳感的一个很重要的东西，因为无论飞机上引擎的轰鸣，还是机场从不停歇的航班广播提醒，都会对人造成很大的消耗。人的精神会因为这些声音而紧张起来，身体不够放松，凭空增加了旅途的疲劳。如何解决这个问题？我通常会随身准备一副消音耳机和一对耳塞，戴上它们，世界顿时安静下来。多年的旅行经验告诉我，即便身体在旅行，但当耳朵完全安静的时候，心情也容易平静下来。在机场里行走时，旁边都是旅途奔波的人，也有琳琅满目的橱窗和柜台，但因为你耳中没有嘈杂的声音，就可以获得一种大隐于市的感受，那是很美妙的。

很多人坐飞机时都会戴上遮光眼罩，或者是垫肩、颈的枕头，但我觉得，带这些东西其实没太大必要，还是轻装上阵好。如果实在要带一样，我倒是愿意选择一本适合阅读的旅行读物：内容可以随意，但总要以读得进去为好，太枯燥太精深的书似乎只能催眠用，太厚太重的书更是自找麻烦了。因为在旅途中，即使用了消音耳机，再拼命集中精力，也很难读进太多复杂的内容，基本上看着看着就心猿意马了。此时，倒不如读一些平时想读却没有时间读的轻松读物，这会让你的旅行变得更加充实。

至于旅途中的餐饮，我从中得到了这些年最重要的一个体会：我之前觉得，飞机餐太重要了，饮食的好坏甚至成了我选择航班的关键。然而，后来我发现事实并非如此，飞机餐的饭量越少越好，是可有可无的——水当然是必需品，因为在你长途旅行的时候，体内的水分消耗比较大，需要随时补充。但是饮食，尤其是肉类、高蛋白等难以消化的食物，会给你的时差转换带来很大的问题。假设你吃得比较多，甚至饮酒，都会让你在飞机上更难以入睡。到达目的地后，也让你转换时差的时间延长很多，平添了许多痛苦。我曾经试过在飞机上少吃或者不吃，整个旅程都很舒服，而且倒时差的过程也短了很多，非常轻松。当然，在飞机上坐着的时候，适当的活动远比进食更加重要。我是一个非常能坐的人，有的时候从北京到纽约，十五个小时的飞行，我甚至可以不站起来，但我会在座位上活动，当然活动的范围不大，只进行肩、颈部和腿部的伸展和转圈。不要小瞧这些简单的活动，坚持活动二十分钟以上，会帮助身体的血液循环，使旅途的疲劳大大减轻，这是非常重要的。

旅途，从打包行李开始，要带的东西不少，最重要的是，带上一个好心情和永不疲劳的身体。因为人在旅途，长路漫漫，一切都刚刚开始。

W U T O N G 'S
· V I E W S ·

Incredible Indian

有人说印度是 Incredible Indian，当我真正去了印度之后，发现果然是如此难以置信——百闻不如一见。到了印度才知道，这个世界发生了太多让人想象不到的事情。印度和中国像一对孪生兄弟，在不同的环境中慢慢长大，千年以后再次相遇时，虽然一切都已面目全非，但总能发现彼此之间血缘上的联系，有些隐约的相似之处——所以，我看待任何现象都能理解，也都会吃惊。

———

我第一次接触印度，是在 2010 年到德里去演出时。虽然我已有十几年频繁在各国演出的经历，但这一次我却在旅行之前失眠了，就好像第一次出国、第一次登台那样紧张、忐忑，好像自己完全没有准备好。从小我就读《西游记》，对西天、天竺国、大雷音寺这些神圣的地方心生敬畏，然而如今，我不需要像唐僧那样跋山涉水多少年走到那里，只要坐上飞机，第二天就能到达。当我分分秒秒接近印度的时候，我内心有一种慌张，我觉得自己是不是还没准备好？是不是平时修为不够？百般想法一时都涌上心头。

　　然而，当我终于走进印度国境以后，我开始有些恍惚——这里，真是我要去的那个印度吗？这里的机场很小，小得就像七十年代的北京首都机场，可能还不如。出了机场之后没走几步，就全是土路——这和我们北京的 T3 航站楼，形成了近乎地球和宇宙的区别。但这里的人民都很热情，非常友好，街上所有人都可以说几句英文，他们不会因为看到外国人而大惊小怪。他们虽然生活在一个似乎很贫瘠的状态下，但内心却充满了从容和淡定。

　　在这样的状态下，我坐上了一辆白色的、外形有点像老上海的出租车，行驶在从机场到德里的高速路上。我贪婪地看着周围的风景，即便那个风景有些贫瘠，有点儿像北京郊区，偶尔刮过的塑料袋，可能比中国的还要多。到处都是不高的楼房和没有修葺的土地，高速路的边缘，也都是还没有建成的感觉。

　　突然，我远远看见好像有什么东西朝我们的车迎面走来——

居然是一个人骑着骆驼！骆驼逆行着和我们的车擦身而过。多么危险，然而出租司机，骑骆驼的人，甚至连那头骆驼，都表现得好像什么都没有发生过一样，十分从容淡定。只有我一人紧张得久久不能平息，简直就是一次历险。

二

来德里参加演出的一行人，除了我以外还有两位美国的朋友。老友相见，总希望喝一点儿酒——然而说实话，要在印度喝上酒，实在要费一些周折。

我们住的是一个高档公寓，客厅里边有各种酒，因为是 Sandeep 给我们介绍的这个地方，我想这些酒应该是给我们准备的——但当我们打开酒瓶一尝，竟发现那葡萄酒比醋还酸，显然是无法饮用的变质酒。我们非常失望，但是酒瘾已经上来了，无法遏制，于是我们就冲到了公寓外面的超市里。超市很大，大概有三四百平方米，然而令人惊异的是，这里什么饮料都有，唯独没有酒。后来我们才知道，因为印度人受伊斯兰教的影响，所以酒很难在市面上买到——虽然可以去一些专门的地方买，但地点不好找。对于我们这些酒瘾上来的人来讲，再难也得喝上酒，因为再过两天演出结束，大家分手之前想饮酒庆祝一下。所以，我们提前跟 Sandeep 说，希望他帮我们准备一些酒，

Sandeep 答应了，说没问题。

演出以后我们非常兴奋，因为觉得很快就可以喝到酒，然后就可以回到公寓里开 Party。但寻酒之路也是出人意料地曲折，我们的车越走越远，在德里的大街小巷转来转去，而且越走路越窄，越走灯越黑。直到找到一个非常小的小卖部，门脸也就三四米宽，司机下车说等着我，我去拿酒。当时天已经黑了，在忽明忽暗的灯光下，司机找到了卖酒的老板，竟好像地下党接头一样，老板从玻璃柜后面拿出了一个塑料袋，里面装着十几听啤酒。我们大为不解，难道买瓶酒，一定要像做贼一样？但无论如何，我们当天晚上，还是喝了个痛快。可能越是难得的，大家就越加珍惜，所以把酒喝得一滴不剩，以至于到最后，摞起来的酒罐都要触到天花板了。

从此以后，我每次去印度，都会在出机场前到免税店里买上一瓶酒，以防要饮酒的时候买不到。印度有些饭店也很严格，不但不卖酒，甚至禁止喝酒。当然我们也有办法：把酒灌在饮料瓶子里，大家偷偷地传着喝，那种感觉真的很奇妙。

三

都说中国的饮食卫生状况堪忧，我觉得，得看跟谁比。如果和印度比，中国其实还算干净的。

我早有耳闻，印度的水不干净，所以我提前准备了电热烧水壶，永远随身携带。Sandeep 给我的劝告是，在印度必须要喝瓶装水，然而就算是瓶装水也得烧开，晾凉之后再喝，会相对干净一些。在我们住的公寓里面，灶台洗碗池旁边专门有一个直饮水龙头，据说是净化过，可以直接饮用的水。我一直很小心，只饮用烧开的瓶装水。但是我的美国朋友，名叫 John 的打击乐演奏家比较不在乎，他是直接饮用的——因为在美国，喝生水是习惯。结果，第二天要演出的早上，John 就没法起床了。当我们叫开门后发现，他蜷在床上，抖得很厉害。于是，我们赶快帮他买药看病，而当晚，他还是发着烧参加了演出。

经此一事，我发现印度的水果然厉害。自那以后，我再去印度旅行，即便再轻装简行，也从不会忘记带上电热烧水壶。

四

瓦拉纳西在印度版图的西北部，位于恒河上游，著名的恒河祭在这儿延续了六千年，一早一晚的两次祭拜从来没有停止过。它不但是释迦牟尼佛初转法轮的地方，也是印度教湿婆神的道场，而印度耆那教的两位圣人，也在这里出生，所以，瓦拉纳西在印度人心中是无上的圣城。几千年来，印度人一直有人生的四个重要愿望：一是希望结交圣人；二是去敬拜湿婆神；

三是在恒河里沐浴，洗清自己的罪孽；四是死在瓦拉纳西，然后把自己的胸骨或盆骨焚烧之后，送到恒河里。他们认为，这是通向天堂的入口。而这四个愿望中的三个，都要在瓦拉纳西实现。

我来到这个城市，是在临近黄昏的时候。接我的出租车司机没来，是他的儿子代替他来开车。这个小伙子虽然只有十七八岁的样子，但非常健谈。一上车他就说，"你要去哪儿玩？我全管。"一副非常老道的导游姿态。他说，我认为全世界的宗教都是一个宗教，上帝只有一个，只不过形式不同而已。我当时大为惊讶，心想一个这么年轻的孩子，看似也没有受过太多的教育，却对宗教有如此达观的认知！

第二天一早，我去了鹿野苑，这也是我去瓦拉纳西最重要的目的。我想到释迦牟尼初转法轮的地方去朝圣——鹿野苑在瓦拉纳西城市十公里外的郊区。车开过去以后，我没有看到宫殿、庙宇，看到的都是用新的砖头垒起来的仿旧的庙宇石基，只有一个高大的建筑，应该是释迦牟尼最早讲法的地方。我已经不记得，在这样一个断壁残垣的废墟里，我都对自己说了些什么。但我记得，我在那儿坐了很久，把自己为什么要信仰宗教，做过什么事情，希望未来怎么样，都做了一番梳理，就像在汇报。似乎我一直都在等待那个时刻，或者说，我在鹿野苑找到了自己。

鹿野苑——释迦牟尼初转法轮之地

　　如果说，我在去印度的前夜过度兴奋，甚至觉得没有准备好——其中最没有准备好的，就要数朝拜鹿野苑了。而当我真正抵达那个地方时，我发现，无论它有多远，有多神圣，它也只是给你一个借口，让你能够看向自己的内心。

五

　　印度人非常喜欢吃中餐，所以在印度很容易找到中餐馆。因为信仰印度教的原因，印度人几乎不吃牛肉，又因为伊斯兰教的影响，印度人也不吃猪肉，剩下能吃的也就只有羊肉和鸡肉了。而中国的宫保鸡丁，就成了印度最受欢迎的中国菜。Sandeep 也非常爱吃宫保鸡丁，每次来到中国，宫保鸡丁都是他第一要尝的美味。

我最喜欢的印度饮料，是玛夏拉红茶（Masala Tea）。这种茶是用阿萨姆茶叶煮出来以后，加上牛奶和糖制作而成的——它的做法，跟制作咖啡完全一样。你完全可以把它想象成一种具有印度风格的咖啡，而且它使用的器具和饮具也都跟咖啡一样。所以，印度是介于西方和东方之间的一种存在，在很多饮食方面都很相像，包括他们吃的一种印度薄饼。你可以把咖喱肉和豆腐都夹在饼里面，很像土耳其、伊朗甚至非洲那种用饼夹菜泥或者肉酱的饮食方法。当然，作为一个旅人，如果你没有一个开放的胃，吃起来或许非常痛苦。

我很适应不同的美食，吃他们的饭就像吃我们的盖浇饭一样，不同的咖喱有不同的味道，然后与印度那种细长的米混在一起，简直是人间美味，吃得非常开心且乐此不疲。

六

在印度，你的眼睛永远应接不暇，摄像机、照相机的内存，永远是不够用的。

　　无论走到乡村还是城市，那些让你值得记录的瞬间，总是接踵而至：我经常在街上看到一个只能承载两三人的三轮车上，叠罗汉似的挤着五六个人。我看到公共汽车的尾部保险杠上常站了一排人，甚至在汽车的顶上也坐满了人。我不知道印度是不是可以普及一下自行车，因为在这儿很少能看到自行车。但是，印度人似乎都很习惯攀爬在公共汽车的外面。

　　在街上，最吸引镜头和目光的，应该还是美丽的印度姑娘。其实不单是姑娘，只要是穿着纱丽的女性，总是会让你感觉眼前一亮。因为纱丽通常都是非常鲜艳的，红的、绿的、黄的，各种颜色。即便是庄严肃穆的黑色和灰色，散落下来的纱丽末端也是飘逸有致。而紧裹着身体的上衣，又非常好地勾勒出女子的身材。

　　最重要的一点就是，穿纱丽的女人不需要减肥——甚至要努力增肥，才能显示出丰腴。所以，我从没听印度女人说起过"减肥"一词。

菩提伽耶的三天

2012 年，第二次在印度演出之后，我来到向往已久的菩提伽耶朝圣。虽然只有三天的时间，但这里给我所带来的感悟，却是漫长而深远的。

到达菩提伽耶已是晚饭后，酒店离菩提伽耶那棵菩提树只有不到五公里的距离。其实，我在旅途中就开始筹划如何度过这三天时间，希望能够在这三天里像释迦牟尼一样，用打坐的方式寻求一些启示。所以，当我把行李放到房间里以后，就迫不及待地往菩提树下走去。

快接近菩提树的时候，我已经看到越来越多的摊贩在贩卖蒲团。我选择了一大一小两个既方便拿、坐起来又舒适的蒲团。当我到达目的地时，从一个大花园进入一个小花园里，小花园有四五百平方米大小的石栏，石栏正中间就是那棵菩提树，它的树冠如大伞一样遮天蔽日，因为枝干伸得太长，所以在它的末梢还有铁架子支着，以免断掉。所有人都围着这棵树磕头或朝拜，也有人在那里冥想或诵经。紧挨着这棵树的是一座大塔，释迦牟尼年轻时期的等身像就供在里面。

此时天已很晚，因为希望明天能够一早起来，随着第一缕阳光开始打坐，所以我没有流连忘返，稍作停留便回酒店了。

一

正式打坐的第一天，我很早就起床来到菩提伽耶。差不多五点多，天刚刚亮，很多人就已开始围绕大花园行脚了。大花园其实是一个高高的石台，一圈下来大概有一公里长，围栏的下面是大大小小的塔，塔和塔之间就是打坐的人。

我先行脚，把自己的身体活动开，同时也为打坐寻找空位，但找来找去总没有合适的地方，也可能是因为选择太多了，反而不知如何选择。后来我发现，有一侧还有另外一个门，写着"Meditation Garden"（静坐花园），但要付不到一百元人民币的门票。为了有个好的环境，我交钱进去了，发现这里完全没有人，而且开满了鲜花，有各种大大小小供打坐的亭子，环境非常好。于是，我选定了一个前面视野很宽的亭子开始静坐。

刚坐稳一会儿，我发现腿有点不太舒服。或许因为之前我很少打坐，而现在突然开始，那些酸麻胀痛的身体反应全来了，所以我要不断地调整自己的身体。当身体偶尔觉得舒服一点时，思绪又开始混乱起来。当人在生活当中每天忙忙碌碌的时候，察觉不到自己心里真正想的那些多如牛毛的闪念。但当你放空一切，开始观照自己内心的所思所想时，又会发现自己心乱如麻，完全理不清头绪。

经行

人的思绪仿佛穿云过海，各种各样的事情全出现了：童年的，未来的，高兴的，不高兴的，遗憾的，满足的，积极的，消极的，所有事情都来了。天本来就热，出现这些杂念以后就更觉得热了，所以汗就流出来了，接着腿就更疼了，随后心也更乱。所以，在打坐的时候，我真是如坐针毡。我本来以为打坐可以静心，可以亲近佛法，甚至体悟正道，却发现这样的打坐对我来讲是一种痛苦，变成了地狱般的体会，我甚至觉得地狱就在我心里，或者说地狱就是我当时的感受。我想，可能正是释迦牟尼之前六年的苦行，奠定了他之后静坐四十九天而证悟的基础吧？因为经过苦行的他在身体上、在心理上都已经没有任何挂碍，也可以不受任何影响，才能够在后面的四十九天专心打坐，真正进入到深刻的冥想里面去。中午时，我走出去吃了一顿简单的午饭，下午继续回去打坐，但一整天下来我基本上没有一秒钟是开心的，也没有感觉得到了解脱。到黄昏时分不得不离开时，我决心第二天不再这样过了，因为我只有三天时间，而打坐完就已经过了一半了。

我打算，第二天要以一个旅行者的身份，或者艺术工作者的眼光，拿着我的录音笔和照相机，去记录到此朝拜的人。

二

我的选择是对的，因为当我以一个艺术工作者的角度去看

这些朝圣的人时，我发现全人类宗教情感的不同表达，都能在这儿找到影子。

我看到有人用很慢的速度向前走路，右行转塔，在这一过程中找到一种自在，找到观看自己内心和此时此刻的种种反应，这种方式能使人感觉到一种禅意。他们用最简单的方式，不停地念诵着"南无阿弥陀佛"。我看到一个藏族姑娘手里举着一朵鲜花磕着长头，每磕一个长头，都把身体伸直，用手掌把鲜花推送到最前方，然后再站起身来向前走几步，继续磕下一个长头。这是一种庄严的美，既优雅又含蓄，既简单又深刻。高僧塔旁边会搭很多木板，这些木板上面已有两条很深很亮的沟，那是磕长头的人俯身下去时，双手在木板上留下来的痕迹。时间久了，就像给这块木板上了油、抛了光一般，留下了两条深深的沟槽。

我还看到很多僧人，无论是白皮肤、棕皮肤的，还是黄皮肤的，大概都在这

折诗

里参拜多年，他们熟悉其中的每一个人，但相视只有淡淡一笑。他们有的坐在靠着栏杆的阳光下一言不发，我不知道他们在想什么，或者这也是他们的一种修行方式。我看到一个年轻女子安静地坐在围栏下，围巾遮住面部，手里捧着一本小小的经书，在那儿安静地念着，声音几乎小到听不见，我觉得那好像是一种内心的告解，或者是忏悔，或者像是孩子们在临睡前和母亲的耳语。我看到斯里兰卡的比丘尼成群结队坐在这里，她们诵经的方式，更像是唱诵着一首哀歌，像是受了委屈的孩子在向母亲伤心地诉说。其中也可以看到很多年轻的孩子，他们有干净、明澈的眼睛，熟练地背诵着经文。我不知道他们未来的信仰之路会变成什么，他们未来的人生又将是什么样子？

一个韩国的和尚带着他的信众在唱诵，唱诵的旋律显然是韩国的音乐风格。和尚在领唱，他领唱一句，后面的信众也跟着和一句，就像卡侬一样此起彼伏，唱的同时还不停地俯身磕头。有一位比丘尼可能是和尚的助手，手里拿着几页纸，我猜他们要把这次朝拜回向给什么人，或是要祝福什么人。当那位和尚带着信众随着音乐不断俯下身体的同时，这位比丘尼唱诵着另外一个旋律，那音乐语言特别像美国的黑人教会音乐。一些人在合唱，作为背景，另一个人在上面即兴演唱，这样的音乐听起来非常生动，而且充满了现代的意味。我被这音乐震撼了。

和尚手里还拿了一个巨大的木鱼，一声一声敲下去，不曾间断。当时夜色渐深，到了所有人都该离开的时候，花园中的几盏灯还亮着，但周围的树木已经漆黑一片了，只有木鱼的有力节奏，陪着洪亮的唱诵声，此起彼伏，给我留下了深刻的印象。后来，我写了一部作品，叫《水路》，是想象一滴水在信念中轮回的生生世世。在这部作品里，其中有一个乐章叫"信念"（Blood Faith），我就采用了这段旋律。

这一天就这样丰富多彩地过去了，我的内心非常充实，而且感触颇深。我相信，在我的一生当中可能很难忘记这一天，它是有关精神的，有关信仰的，但我觉得，它更多的是让我看到了人性。在真理和信仰面前，不同地域的人有不同的表达，有的人不断地唱诵，有的人反复地搭建坛城，有些人磕长头，有些人像在对母亲低语，而有些是人所共通的，是选择在一个庄严的地方默默地看向自己的内心。其实宗教是平等的，人也是平等的，就像我这些年做世界音乐、跨界音乐，我得到的其实也是同一个道理，那就是——万法一法。

无论传统的还是现代的音乐，要是没有心，也就没有了灵魂。如果没有感情的介入，音乐是不可能感人的。宗教亦然，无论形式怎样，无论很多人还是一个人，只要你全心投入到自己的境界里面，就能有不同的发现。

磕长头的人

三

第三天清晨，我起得特别早，因为十点钟就要坐车离开菩提伽耶。虽然这一天时间非常紧张，但我还是希望能在早晨最安静的时候，向这棵菩提树告别。

我走到菩提树下的时候，天色还没有亮，过了许久，天边才有了一点微红。然而，就在那微红出现的一瞬间，我发现眼前有个东西飘落下来，那是菩提树上的一片叶子——这两天我在这个花园中行脚时，经常看到有些人守在菩提树下，期待可以捡到这棵曾为释迦牟尼护法的菩提树叶，但是捡的人多，落叶却很少。他们就在树下的泥土或者浇树的水中去找，去摸，希望可以带回一片圣地的福佑——然而，这片叶子竟然落在了我的眼前，就在这日出的一瞬间，菩提伽耶给了我一份告别礼物。

在菩提伽耶，我还有另外一场经历，或者说是一个比较遗憾的体会！因为菩提伽耶是释迦牟尼正觉的地方，所以它在佛教中的地位非常高，应该是四大圣地之一。所以，佛教各流派都会在那边建自己的公馆、庙宇，中国大陆的佛教界在那边唯一的寺庙叫中华禅寺。遗憾的是，这个禅寺香火并不很旺，也看不到值殿的和尚，只在这个寺庙大殿外的门框四周摆了一圈巨大的照片，内容多是各方领导来视察工作，或是所谓高僧与大手笔的施主的合影留念——我想，这大概和佛教本身希望达到的境界是没有关系的，不过都是些红尘俗务。然而相比之下，在菩提伽耶还有日本人和韩国人建造的寺庙，他们的寺庙比中华禅寺距离大塔花园远一些，但是面积更大。除了寺庙的主体建筑以外，还有很大的院子，在院子里面盖有学校和医院，主要帮助贫困的当地人接受免费的教育和医疗。

由此看来，同样是受到佛教影响的国家，中国在未来可以做得更好。

黎平的幸福

　　曾经有过一次对于幸福的全国性调查，结果贵州黎平地区
被评为最幸福之地，这里的人们幸福指数最高——我并不惊讶，
因为我深深知道，在那一方水土的养育下，人们的生活沉静而
又悠闲。

　　我和黎平还算有缘。我几年前曾去黎平演出，当地的侗族
大歌给我留下了很深的印象。我好朋友的婚礼，也专门选在黎
平的地扪生态博物馆里举行。当时虽然我没有参加，但五年之
后他们的结婚纪念日，我终于有机会到地扪去参加——总算是
没错过。所谓生态博物馆，是香港一家基金会为了保护侗族的
原生态生活方式，而在方圆几十公里的面积内设立的一种没有
边界的博物馆形式。这里将侗族的水稻、米仓和他们的民俗，

包括侗族大歌，都纳入了保护的范围。博物馆的工作人员和侗族人相处得亲如一家，他们的博物馆，也如同侗家的竹楼一样。

到达目的地的当天，朋友就极其兴奋地跟我说："知道吗！村里正好有一个葬礼，咱们太幸运了！"我当时虽然有些惊讶，但是后来领会了他的意思——无论葬礼还是婚礼，这都是人生需要经历的大事，而其中的音乐和民俗，是我们最愿意去体验和学习的。

第二天，我们就如同乡亲一样，从博物馆出发，汇聚到村子的场院里：十里八村的乡亲们有的用扁担担着腊肉，有的担

融于自然的出殡人群

着粮食，来慰问故人家属。我们虽没有这些特产，但也随了一些份子钱。聚餐一定是葬礼中最重要的一个环节，场地就在这个空旷的场院里，人越聚越多，场院当中摆着几个硕大的不锈钢铁桶，里面就是大家要分享的菜肴。这里没有桌椅，只有几块木板围成一圈，大家拿着碗筷取了餐，围坐在木板上，面对面吃饭，就当作酒席。虽然我们和老乡并不认识，但是他们都和蔼可亲。用餐的过程非常平静，不悲，也不喜，大家都是安静地吃，那种气氛让人感觉自然和从容。

我好奇地看着大家，心中揣度着这是怎样一种心情，怎样一种生存的状态。这时对面的老者吃完了，他一只手轻轻拿着碗筷，站起来，环顾大家，轻轻地说一声：你们慢慢吃，我吃完了，先走了。我猜测，老人不过是一个普普通通的侗族的农人，似乎也未受过多么正规的教育，但是他恰当的从容举止，让我觉得无比优雅。

侗族人的生活方式充满了智慧：他们在水稻田里养鲫鱼，鲫鱼依靠水稻，水稻也依靠鲫鱼，鲫鱼长得肥，水稻长得更好。我的朋友曾经请我在稻田边吃过一次烤鱼——说是请吃烤鱼，其实他随身只带了一点盐巴和辣椒，鱼得从稻田里面现捞。捞上来再用旁边的草引火，把鱼放在石头上烧烤。这种原生态的烹饪方式，我从来没有接触过，因此极其兴奋。我们吃到一半，他觉得有鱼无菜不够丰富，就到旁边的田地里摘了几根黄瓜，在溪水里洗净，

黎平地扪侗族人文生态博物馆

交到我手上。我问他这样是不是不太好，至少应该和主人打个招呼才对。他却说没关系，我们的风俗就是走到哪儿吃到哪儿，大家都是一家人。

或许是因为在这个山明水秀的地方，民风淳朴，人们心灵纯净，所以，这里的歌声才像银铃一般美好。在地扪演唱侗族大歌的姑娘举世闻名，一代一代从没有间断过。我的朋友曾经为她们录制过 CD，并且在世界各地热销。我问她们，愿不愿意出去，到全世界巡回演出？她们总会说，觉得在家更舒服——并没有表现出更多的渴望。也许，这里的人们所体会到的快乐，是我们所体会不到的，这也是黎平人们幸福指数很高的一个原因。

记得那场葬礼，出殡的队伍里有侗族的唢呐——也许因为学习吹管乐的原因，我对他们倍加关注，我举着麦克跟着他们一路录下来。他们走走停停一直演奏，唢呐声越来越远，送殡的人群

也渐渐消失在山林当中，可是那唢呐的声音似乎还在我的耳畔回荡：它不单纯是音乐，还伴有风声和鸟叫。当唢呐的声音融入大自然的时候，你会感觉到一种跨越时空的生存的智慧。而那融入自然的唢呐声，更像是一种集合了大自然的和谐共存的盛咏。

台湾散记

一

　　我第一次去台湾，是 1997 年。

　　那时候正赶上台湾的选举，电视各频道都在播放竞选人的宣传片。当时我对这些人都不熟悉，只有位叫陈履安的人让我非常惊讶，因为他的竞选方式是戴一顶斗笠，徒步在台湾行脚。这样一种苦行的方式，应该是佛教的传统。但是在台湾，他们竟然在竞选的时候，还用这种僧侣苦行的方式，让我肃然起敬。后来才知道，陈履安原是陈诚将军的儿子，多年来研究佛法，希望能够依循佛法，造福社会。这样的人参加选举，未必能赢得了精于权谋的人，其结果自不必说。

但是即便如此，这样的竞选方式，依旧可以在台湾这个地方出现，让我深受触动。

二

到台湾自然是演出，每一次演出都会碰到一些喜欢民族音乐的听众，其中有一位著名的票友，叫陈绍基。

陈绍基先生之前做眼镜生意，但是热衷于民乐。几十年来，大陆的民乐演奏大家无论什么专业，无论在什么地方演出，只要是好的，他都一定跟去，并且自带相机与录像机全程拍摄。所以无论在台湾还是在大陆，只要是做民族音乐的人，没有人不认识他。

陈绍基先生也带我去他那儿配眼镜。在一个眼镜店里，他的朋友知道我去，专程来看我，并且带了一锅热热的鸡汤。他家在台北郊区，开了一家非常有名的鸡汤馆，因为比较远，不能请大家去，所以专门带了一锅刚熬好的鸡汤，和大家一起坐在眼镜店的办公室里分享——我觉得这的确是一种暖暖的温情。想起大陆流行的送礼必须高大上，一方面在拼面子，一方面又抱怨人情消费越来越高。可这一碗鸡汤，既有了那份温情，又让大家没有压力，给我留下了很深刻的印象。

三

在台湾旅行，饮食从来不是问题，而且屡屡给我以惊喜。

这些年，台湾出现越来越多的有机素食餐厅，大街小巷都能方便地找到。都是些不大的店面，装修简洁干净，价格亲民。食客们有的在饭店用餐，有的则是打包带走，这些健康的饮食方式已经变成一种日常所需，而不是时下潮人的另类选择。台湾人对食品安全非常在意，无论是他们研制的闻名世界的"螺旋藻"、有机"高山茶"，还是现在越来越多的"有机素食"，都能让人感觉到他们对健康的重视。

当然，不和谐的事情依旧还会出现，这在任何地方好像都难以避免。前些年发生的"塑化剂"风波，最近的"康师傅"事件，都给台湾的食品安全蒙上了一层阴影，甚至波及大陆。台湾媒体的主流报道，以及厂家跪地道歉的那种郑重其事，可以使人感觉得到，这样的解决方式，以及当事者内心的触动，在大陆是很难见到的。

四

如今，我一想起理想的修行场所，总会想到法鼓山，那里真的是一块修行的宝地。

法鼓山的建筑依山而成，随着山坡均匀地散落其间，并不是高大恢宏的庙宇。瀑布、小溪、草地、禅堂，安排得均匀又自然。这是圣严法师主持修建的，虽然他已经不在人世了，但他的慈悲之心，依旧能通过法鼓山的一草一木体现出来。据说在修建庙宇之前，圣严法师先用了几年的时间，将建筑范围内的大树冠慢慢缩小，直到足够小之后，再移植到别的地方。当庙宇建筑完成后，圣严法师再把那些树木种到周围合适的位置。在法师心中，树木是山的主人，而在山上修行的人，不过是山的客人而已。仅此一项，就能够让我们感受到圣严法师对自然

法鼓山僧人在山水间禅坐

万物的尊敬之心、平等之心。

法鼓山不收门票，里面还有很多花道、茶道、书法、禅修等与日常生活有关的课程，全部免费开放。正因为法鼓山的师父们秉持服务社会的主旨，反而带来了大家对他们的敬仰。于是，在法鼓山内外，随处可以看到来这儿做义工的人。从他们的言谈举止当中，可以非常深刻地感受到他们发自内心的奉献与真诚。

纽约琐记

　　记得我刚到纽约的时候，充满了过分的自信——那是一种不真实的满足感，这使我看纽约的一切，都采用一种不切实际的俯瞰的方式。那时候还开玩笑跟朋友说，我最大的理想就是把自由女神像手里的火炬，变成五星红旗。可我慢慢地发现，我所引以为傲的中国传统文化，其实在纽约、在美国的文化当中，早已生根发芽：在这里，铃木大拙已经将禅宗介绍到了美国，并且在乔布斯的手里变成了苹果手机；我们并不了解的约翰·凯奇的简约派音乐，背后却有着《周易》的影响；各个院校研究机构当中种种学科的专家，都有专门的研究基金，而且不受市场和商业规矩所左右。在这里，更传统、更纯粹的学术气氛，以及更纯粹的中国传统文化，都在美国体现着。

在纽约，这里形成了一个多元的尊重艺术的文化环境，艺术家们可以更自由地想象，文化也更有可能多元发展。所以，这些年来我所接触的音乐，无论是中国民歌，还是不同的世界民族音乐，在纽约这样一个宽松的环境里，都会非常自然地跨界碰撞。而所有这一切，我所经历的这一切，只不过是纽约这样一个文化大海中的沧海一粟。

有时候我行走在纽约街头，会感觉到也许这就是大唐长安的样子——李白的诗里写，"落花踏尽游何处，笑入胡姬酒肆中"，这是一种多么开放的文化状态！或许他们喝的酒，也来自波斯或是土耳其，那些西域的美酒，带给了他们更开阔、更宽广的文思。大唐的音乐也是如此：唐朝的宫廷《十部乐》，大部分是来自其他国家民族的音乐，而来自中原地区的宴乐，只不过是《十部乐》当中仅有的一部。由此可见，在大唐盛世，一定有一个开放的、包容的文化视野。

说到开放与包容，那些丰富的文化元素，依然可以在纽约博物馆中看到；也可以在唐人街的华人博物馆中，看到华人在美国的那段辛酸历程；还可以在罗宾博物馆当中，看到藏族唐卡的制作过程；甚至可以在大都会博物馆的乐器部里面，找到来自世界各地的、类似中国唢呐的一个大家庭的集合——所有这一切，似乎都给你一种专注、细致、博大、认真的感受。所以每次到纽约，我总是愿意去博物馆转一转，这已经成为我的一种习惯。

2014 年，中国现代水墨展在大都会博物馆举办，工作之余我就去看，然而并没有看到令我兴奋的艺术品。恕我直言，其中更多的是被西方元素影响的中国艺术家的创作思路。不能说这种沟通不是艺术，但是如果作为一个中国艺术家，连中国的艺术都没有完全理解，就急着在半路搭上一班西方的车，或许，就永远无法向世人展示精神故乡的美好了。与此同时，在上西区还有另外一个展览正在进行——在上西区大教堂里，徐冰先生的《凤凰》正在展翅高飞，远处传来门萨的音乐，而这具有中国现代建设意味的展翅高飞的凤凰，却安置其中。这种奇妙的场景，让我佩服徐冰先生对于传统和现代的把握，同时更让我感受到，西方在宗教角度对艺术的重视，也是一种心胸。

我还记得在一次演出之后的聚会上，一位著名笑星和我们同坐一桌，他的一个笑话给我留下了很深刻的印象——他对大家说，前不久，他曾为美国五十位部长做了一次讲座——在此我先要打一个问号，我不知道美国有没有五十个部长，就算真有五十个部长，他们真的能同时凑齐来听他的讲座吗？我不知道，但无论如何，故事还要听下去。他说他跟这五十个部长讲，美国的历史他很难猜测会有多久，但他相信，美国的未来一定不会长过中国五千年的历史。在场的听众纷纷鼓掌，似乎有一种民族的自豪感油然而生。然而对于我来讲，有一个问题出现

徐冰的《凤凰》在纽约上西区大教堂展出（2014年）

了，那就是我在纽约看到的，美国人对本国历史的真实记录。在美国博物馆当中，哪怕两百年三百年的历史，他们也不会丢弃一丝一毫。而我们又对中国所谓的五千年历史了解多少呢？又被真实记录了多少呢？又有多少是被丢弃和遗忘的呢？

　　我想，这的确是一个引人深思的问题。

W U T O N G 'S
· V · I · E · W · S ·

没有终点的旅行

　　克里斯蒂娜是一位西班牙风笛演奏家，有着一头翠绿色的长发。舞台上，她热情似火，光芒四射。自 2007 年她加入丝路乐团以来，我们成为舞台上的好搭档，也是很要好的朋友。克里斯蒂娜在西班牙有自己的音乐节，一个以跨界音乐为主题的"格力西亚连接音乐节"（Galician Connection）。她几次邀请我前去演出，可是因为种种原因未能实现，直到 2012 年春天，我们终于敲定了日程，计划做一届由来自西班牙、中国、古巴、印度、阿根廷的音乐家共同组成的跨界音乐节，音乐节为期三天，其中包括排练、工作坊、讲座以及演出。

　　去西班牙并没有直飞航班，主办方给我订了从北京出发经由法国巴黎转机再到西班牙的机票。想到将要从亚洲大陆的最东方，一路向西飞跃亚欧大陆，直到在欧洲尽头那个彩色的国度，和来自各国的音乐家共同创造一次音乐之旅，我心里就充满了期待。然而万万没料到，这次原本应该美丽的音乐之旅，却成了我人生中一次刻骨铭心的、没有终点的旅行。

经过十个小时的飞行，到达巴黎戴高乐机场的时间是 4 月 10 日清晨六点半。下一程的起飞时间是九点多，三个小时的转乘时间是很充裕的，而且只要通过海关，外面就会有主办方的人接我到下一个登机口，并与另外几位音乐家一起继续飞往西班牙 Vigo。

清晨的戴高乐机场好像刚刚从睡梦中醒来，早起的人们都是慢吞吞的。我随着人流来到了入境海关柜台，移民局的警察拿着我的护照看了又看，之后问我是否买了法国的保险。我告诉他，我是在西班牙大使馆办理的欧共体签证，并且已经买了西班牙的保险，因为在法国只是转机，所以没有买保险。他对我说的话似乎并不感兴趣，继续要我出示回程机票，最后居然要看我的钱包。我感到莫名其妙，但为了尽快通关，就把钱包递给了他。

"为什么现金这么少？"他问。

"太多现金不安全，而且我习惯用信用卡。"我这样说，心里却想，这都什么年代了，难道你不用信用卡吗？接下来就是漫长的等待。柜台后的警察继续慢条斯理地翻看文件，柜台前的我默默计算着距离下次飞行的时间。

"请跟我去那边的办公室一下，我们需要继续核实你的信息。"这位警察离开柜台，把我带到了机场大厅一侧的办公区——事情看来有点复杂了，但我也没办法，只好尽量配合他。接下来，事情的发展已经越来越趋于荒诞了。

首先，我们的沟通遇到了语言的麻烦——我不会法语，而这位法国警察也不用英文交流，他找来一位会说中文的法国翻译，但他的中文显然很糟糕，除了不停地抱怨他的脖子很痛之外，对于警察的话，他只翻译说"他们认为你的酒店订得不好"。这么多年的国际旅行，还没有海关人员询问过我的居住条件。

"难道是音乐节主办方为我订的酒店条件不好吗？"我问。

"他们只是说你的酒店订得不好。"这位翻译的回答言简意赅，让我开始怀疑自己的中文水平。

几番无效的沟通之后，我最终还是用英语从警察那里得知，他们认为我的酒店有问题，这里有一部免费的国际电话，我可以用这部电话与外界联系并补齐手续。但是进入电话间之前，我所有的行李包括手机和电脑必须由他们代为保管。我知道他们拿走我的东西是无理要求，但是下一班飞机马上就要起飞了，为了尽快解决此事，我还是同意了他们的"建议"。

电话在一间七八平方米的小屋子里，除了两侧各有一排塑料座椅之外，只有一部电话机孤零零地挂在墙上，我按照拨打提示打了很多次，但始终打不出去。怎么办？我想出去找人问问，可是门被警察从外面锁了。透过门上的观察口，我看到偶尔有警察从门前经过，于是我使劲敲门，希望听到的人可以帮个忙。但没有人理睬，即使他们听到了我的敲门声，却没有人抬起头向里面看一眼。他们怎么如此冷漠呢？我的飞机马上要飞了，我的朋友和观众还在等我，难道这不是事实吗？咚咚咚……咚咚咚……我的手指在坚硬的铁门上敲得已经有点疼了，重复的焦急的敲门声让我的情绪已经达到失控的边缘。我不喜欢歇斯底里地发泄，可还能怎么办？只有等待，等待那个送我进来的警察再次想起我。

这间屋子显然有很多不同国家的人来过，在无聊的等待中，让我有时间打量起这间小屋，刚进来时以为墙上脏乎乎的东西是涂鸦，原来是用铅笔、钢笔甚至果酱，以各国文字写成的内容丰富的留言。"No Jesus No Life"（没有耶稣就没有生命）、"To Become a Man is Not a Day Job"（成为男人不是一天的事）、"Don't Want To Go To Nigeria，I Will Better Did Here，For Me To Go Back"（千万不要去尼日利亚，我宁愿死在这里，也不要回去）。这里好像也曾来过一位中国姑娘，"难道是我爱错了人，等错了人，想他也会哭，注定不能在一起。"这位姑娘能不能不要这么苦情，这是在禁闭室呀！倒是这位比较乐观，"起来，不愿做奴隶的人们，让我们一起到天涯论坛海外版去。"面对这样的彪悍的人生，我凌乱了。世界这么大，有太多的事情我不知道，我们同时生活在这个星球，却有着如此不同的人生。可是我们又都来过这间小屋，旅途上我们虽然互不相识，而这些留言却让我看到了一个即使不怎么美好，但更宽阔的世界。

就这样看着，想着，我居然发现了一个奇迹，那是一个用钢笔写在门旁边墙角上的几行小字，"不要看他们的电话提示，那是错的。前面一定要加拨 ++，我已经打通了。"果然，按照这个方法我很快接通了克里斯蒂娜和主办方工作人茜茜莉娅的电话，她们说法国海关警察一早给我将入住的酒店"Hotel Altair"打了电话，因为对方说的是法语，导致酒店方做了错误的回答，就这样警方误认为我没有预订酒店。发现这个错误之后，整个上午，酒店和音乐节的工作人员，还有克里斯蒂娜，以及我住在法国的朋友都在试图找戴高乐机场海关部门澄清此事。但所有部门都说不知道我这回事，也查不到我在戴高乐机场的任何信息。可是我在哪儿？我也不知道。这间屋子里只有我自己，面前的这部电话没有号码，只能打出去，不能打进来。我想找个人问一问，于是再次敲门，咚咚咚……咚咚咚……没有人来，我只有继续等待，等待，原定的下班飞机应该是赶不上了。

将近中午的时候门开了，一位大概是接班的警察过来告诉我，目前我有两个选择：其一，终止旅行，乘坐最近的一班飞机返回出发地北京；其二，他们可以送我去机场内的一间酒店，入住后工作人员会帮我补齐材料，海关审核批准后，我可以继续前往西班牙。我对他说，这其实是个误会。如果他可以给酒店再打个电话，事情马上就会弄清楚。但他说，他只负责通知我这两个选择，至于打电话的事要到酒店之后再说了。怎么办？返程吗？克里斯蒂娜的音乐节筹备了大半年，演出的票都卖出去了，要是我突然不去了，她们一定会很麻烦的。去吧，事已至此，再做最后的努力吧，如果事情能很快解决，或许可以赶上下午三点的飞机，那么晚上就可以参加排练了。

"酒店"就在机场内部的隔离区，是一桩由高墙和电网围起来的二层小楼。一层是警察的办公区域，旅客到达后要在这里经过严格的搜身检查，然后被警察带着通过一扇有密码锁的安全闸门，门后面是一个楼梯间连到二楼的"酒店"，这里就是另一个世界了。旅客们大多是被怀疑的非法入境者，但是从表情上看，很多人非常从容，甚至是轻松：楼道里几个穿着时髦的黑人小伙靠着墙说笑，几位中年黑人妇女围坐在一块毯子上，中间是一位母亲木然地抱着一个小孩；那位沉默寡言的索马里少年和眼角挂着泪的墨西哥老妇，我后来帮他们打过电话；还有一位年轻的温州姑娘，她后来悄悄地跟我说，一上飞机她就撕了护照，现在要申请作为难民前往西班牙。她全家都是用这种方法留在西班牙的，她是最后一个。红十字救助站门外的走廊上有几部付费电话，是可以从外面打进来的——人们大都

集中在这里，要么在救助站打听情况，要么就是等着电话铃声
为自己响起来。

（12:30pm — 滞留第六个小时）

我被红十字的工作人员安排住下。行李依旧被警方扣留，
随身只允许带着钱包和电话簿。我迫不及待地来到红十字的办
公室，希望马上补齐材料，可是午餐时间到了，我们要到楼下
食堂外排队，在警察的监督下依次就餐，不许说话，不许换座，
不许太长时间。我脑海里浮现出了三个字"集中营"，这样的
耻辱，我从未经历过，但我也知道，经过的总是好的。为了继
续前行，为了顺利演出，我可以忍受。

（1:30pm — 第七个小时）

红十字会的人给了我一个警方的电话号码，让主办方直接
联系警方确认要补办的材料，但主办方打了一个小时也没人接
听。我又去要了另外一个号码，几个小时以后，电话终于接通了。
我们很快补齐了材料，法国保险、西班牙旅馆证明，以及酒店
方面关于电话误会的道歉信。可是警察在一楼，我还要等。

（5:40pm — 第十一个小时）

终于等来了上楼巡视的警察，但他不收我的资料，理由是

《没有终点的旅行》后续：第二年，终于
参加了西班牙圣地亚哥的"连接"音乐节。

今天就要下班了。其实这里的很多工作人员和警察都知道我的情况了，私下里也会说，他们认为这件事的处理是不对的，或许是良心发现吧。他带我走到另一侧的楼梯间，说下面这扇门距离他们的办公室很近，如果我明天九点上班后敲这扇门，就会有人来接收我的材料。我已经哑口无言了，很想用最难听的话来发泄我的愤怒，可是我知道，面对这些理直气壮地偷懒、心平气和地渎职的法国警察，真正平等的沟通是很难做到的。我现在唯一能做的就是保持耐心，克制怒火，继续等待。

我一下子无事可做了，于是回到自己的房间，发现仅有的一张床是被钉死在地上的，有一扇打不开的窗，床上有被褥，但是没枕头。人生的境遇真是神奇，出发前我怎能想到这是一段充满坎坷的旅程呢？现在唯一能做的就是保持耐心，继续等待，看看接下来还会有什么事情发生吧。我想平静一下烦乱的情绪，索性开始打坐了。闭上眼就是白天的事情，一幕一幕像幻灯片一样轮番浮现。渐渐地，我感觉情绪平静了许多。这些年断断续续的打坐，对于这种心性的变化还是有一些了解的，我意识到坏情绪开始软化了，抱怨、痛恨、焦虑，先前如热血一般汹涌沸腾，现在却如雪花一般，从眼前纷纷飘落，只留下了一片湖水，镜子一般映照出四周鲜艳的群山。

一个念头突然跳出来，为什么不以"水"为题目写一首作品呢？剑桥佛教协会委约我写的作品正愁没有主题——是呀，古人讲"上善若水",水有公平的特性,损盈补缺,水有谦虚的特性,总是居于下处,随物附形是"智慧",滴水穿石是"坚韧"。水还有孕育和连接的特性,一条河从上游到下游可能滋养了不同的民族,但从不会因语言、文化的不同而厚此薄彼——太好了,这就是这次遭遇带给我的礼物吧!

(7:00pm — 第十三个小时)

晚上七点,晚餐依旧是在监视下进行的,我看到有很多人把面包塞进衣服里带回房间。因为距离第二天的早饭还有十二个小时,这里除了一个自动售卖饮料的机器外,在这里你买不到任何东西。

(7:00am — 第二十五个小时)

已经进入第二天,从睡梦中惊醒过来,昨晚回到房间,衣服都没脱就一觉睡到了早上七点。离警察上班的时间还早,不过我还是想去试试运气,看看能不能碰到一个稍微勤快负责点的警察。拿上所有的材料,我又开始敲门,楼梯间空荡荡的,像一个巨大的音箱,把敲门声放得很大很长。偶尔会有脚步声从门后传来,但是没有人来开门。在过去的一天里,敲门已经成了一种常态,等待也已经成了一种必然。

咚咚咚……咚咚咚……已经过了上班的时间,脚步声渐渐多起来，依旧没有人为我停下脚步。我听到有两部电话在门后一直响着，和敲门声此起彼伏，内外呼应着，这会不会是主办方昨天一直打不通的电话？如果不想接，那么要电话干吗？让对方充满希望，但是对方却不愿意解决问题，这是不是一种冠冕堂皇的虚伪？电话铃和敲门声持续响着，如同嘶喊、怒吼、叹息，但是除此以外只有死一般的寂静。我想到卡夫卡笔下那个异常合理的荒谬世界和"被犯罪"的 K，而 K 的"羞耻"恰恰就来自这个荒谬的法律系统。

（11:00am — 第二十九个小时）

一位经过的警察终于收下了我的材料，他也同情我的处境，认为这样对待一位音乐家是不公平的，并答应我，会尽快把材料交到负责此事的警察手中。他让我留意二楼广播，他们会在广播里通知我什么时候和主管警察会面。看来还有希望，我向红十字会工作人员询问我名字的法语发音，怕错过广播通知，并通知主办方事情的进展情况，茜茜莉娅再一次给我预订了下午三点飞往 Vigo 的机票（但实际上，之后的广播里一直没有出现我的名字）。

（2:00pm — 第三十二个小时）

距离下一班飞机起飞的时间越来越近了，广播里依旧没有我的名字，我坐不住了，如果下午的航班赶不上，那很可能今天又走不成了。音乐节只有三天时间，如果结束了我才到又有什么意义呢？再去敲门吧，这次一位警察开了门，带我找到了主管警察，我们依旧出现沟通问题，他找来一位翻译，是一位中国女士，她听过我的歌，知道我的遭遇后，很不客气地向警察表达了对这件事情看法。

警察说，其实他也同意对我的处理，但这是领导做的决定，他改变不了。目前，我只能通过中国大使馆联络法国外交部进行交涉——我彻底绝望了，这根本就是不想解决问题，前面的所有要求和建议不过是搪塞和推脱的借口。我的耐心被耗尽了，我告诉他，我想尽快离开这里，坐最近的航班返回北京。但他说，最近的航班在午夜十二点起飞，而根据法国海关规定，起飞之前我是不能离开这里的。

（12:00pm — 第四十二个小时）

终于等到午夜，临行前我把身上仅剩的美元买成电话卡，送给了那位一直沉默的索马里男孩。这两天，我都是用我的电话卡帮他联系外界，他身上其实有英镑，但在这里，英镑不能用。两名警察"跟"着我上了飞机，经过戴高乐机场这痛苦的四十个小时，我只想飞机能早点起飞，快一点结束这痛苦的旅程。

疲惫不堪的我终于到家了，克里斯蒂娜发来了问候的邮件，这几天大家都在为我担心，即便在舞台上表演时也在想着我。她告诉我演出刚刚结束，尽管我不在，她们仍然表演了我原本要唱的《燕子》，而且发来了现场录音。我的声部由古巴管乐大师帕奎多德里维拉用单簧管演奏，这首充满爱意的哈萨克民歌在他们的演奏中如泣如诉，每一个音符都是那么细腻精致，像是害怕打碎东西一般，轻柔地抚慰着我疲惫的心，令我潸然泪下！

音乐是一种多么美好的表达呀，不需要语言，甚至超越了语言，只要你真心述说，就会有另一颗心被你打动，这个世界因此而沟通、理解相互交融。相比之下，在法国移民局僵化的工作体系里，警察的推诿和懈怠，显得那么虚伪、粗暴、冷酷无情。我拿起笔，希望把这件事做一次客观的说明，并通过我在西班牙使馆的朋友转交给法国领事。希望我的遭遇不要再发生。

尊敬的领事先生 ……我恳请您向法国外交部转述我的两个愿望。第一，希望可以公平对待中国旅客，无论他们入境还是过境。第二，希望可以温和地对待艺术家，因为他们的手中拿的是乐器而不是武器 ……

但是信发出了，却一直没有回应。

2012 年 12 月，剑桥佛教协会委约我创作的、由丝路乐团演奏的室内乐作品《水路》（Water Way）在美国哈佛大学首演。全曲共有七个乐章，所描述的是水的七种形态，分别是"波光"（Pure Water）、"禅雪"（Zen Snow）、"流淌"（Flow）、"飞升"（To The Sublime）、"信念"（Blood Faith）、"祈祷"（Prayer of Tears）、"慧海"（Ocean Wisdom）。作品试图以一滴水的视角，表达对于理想和信念的不断追求。这首作品之后在美国再次演出，给观众留下了深刻的印象。著名的视觉艺术家克利弗德·罗斯甚至从中找到灵感，从而发展出一系列新的视觉作品。

这件事似乎到此结束了，我想我已经做了最大的努力，为这次旅途中的遭遇找到了一个相对美好的结果，但事情并非如此。在我心里，关于这件事的阴影并没有真正散去，反而渐渐成长了起来——之后的几年，我推掉了所有赴法国演出的邀请。因为一想到法国，那四十个小时的痛苦经历就会回到我的脑海里。我开始厌烦一切和法国有关的事物，包括我曾经喜爱的印象派音乐和新浪潮电影，也不再购买任何一件法国的商品，哪怕是一瓶矿泉水。

有一天，我收到了丝绸之路乐团办公室发来的"2014年丝绸之路乐团的欧洲巡演计划"。这次巡演我一年前就知道了，并且留出了时间，只是拿到日程表的时候，才知道法国巴黎也安排在其中。如果我提出不去法国的话，那么所有我参与的曲目都要取消，并且同事们要临时排练出另一套曲目。左思右想，我不能因为自己的原因给大家带去麻烦，于是硬着头皮踏上了这次旅行。

排队经过海关的时候，友友和丝路办公室的伊萨贝拉聊着天和我走在一起，我知道他们是怕我再出什么意外，前来护驾的。过关的时候很顺利，警察甚至没有问我一句话就放行了，好像之前什么也没有发生一样。可是之后的几天，我几乎都是笼罩在负面的情绪里，酒店前台生硬的服务，街头浮夸造作的后现代建筑，以至于演出前我必须要调整自己的情绪，提起精神强迫自己把最好的一面献给观众，毕竟他们是无辜且不知情的。

坐在离开法国的火车上，我感觉越来越冷，到达终点站荷兰的时候，我已经发烧了。近几年我因为茹素（吃素）和锻炼，身体很少感冒，偶感不适，吃一个柠檬，睡一觉也就过去了。可这一次感冒非常严重，而且越来越糟，导致最后的几场演出，不得不取消了我演唱的环节。因为我的嗓子已经唱不出声音了——太奇怪了，这些日子我和同事们都是同样的饮食，同样的行程，他们都好好的，怎么只有我病倒了呢？会不会是我的坏心情导致的？我试着从另一个角度来解释，佛家讲"境随心转，相由心生"，难道生病是由于我一直以来的负面情绪吗？看来极有可能。

原来，那次旅行给我的伤害并没有结束，如果说前一番的错误是由于他们的失察与推诿，那么这一回生病，恐怕就是我盲目的猜度和狭隘的心胸造成的了。想到这里，眼前的世界立刻呈现出另一番景象：我们都是生命旅程的过客，每一件经过的事就像一颗种子，在你不知不觉的时候慢慢成长。或许有一天在生命的拐角处，你会再次遇到他，你可能觉得似曾相识，或者头也不抬，又是一次匆匆错过。

我们的人生旅程，可能就是这样一番景象吧？甚至所谓人生的终点，只不过是换了角度的前行。或许，我们可以活得像一滴水吧？无论在宽阔的大海，还是在低矮的泥泽，都是那样地仁爱、公正、谦逊、淡泊!

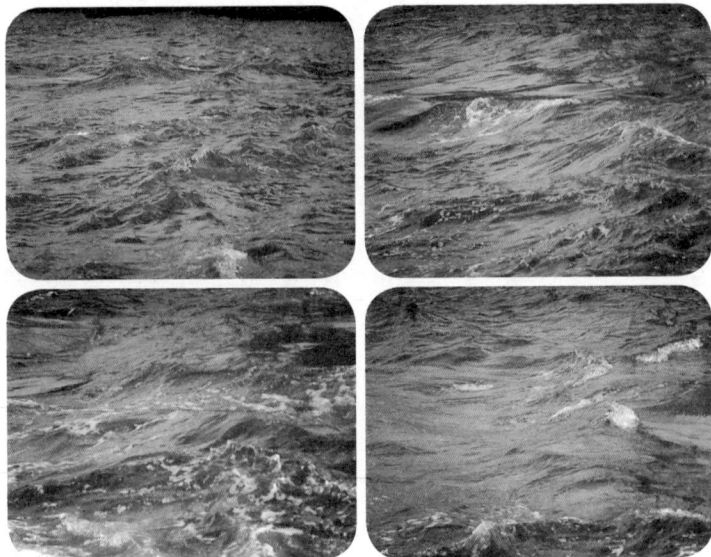

图书在版编目（CIP）数据

吴彤们 / 吴彤著．—北京：作家出版社，2016.1

ISBN 978-7-5063-8710-1

Ⅰ．①吴… Ⅱ．①吴… Ⅲ．①吴彤—生平事迹
Ⅳ．① K825.76

中国版本图书馆 CIP 数据核字（2016）第 011560 号

吴彤们

作　　者：	吴　彤
责任编辑：	张　平
装帧设计：	薛冰焰
出版发行：	作家出版社

社　　址：北京农展馆南里 10 号　　　　邮　　编：100125

电话传真：86-10-65930756（出版发行部）
　　　　　86-10-65004079（总编室）
　　　　　86-10-65015116（邮购部）

E-mail:zuojia@zuojia.net.cn

http://www.haozuojia.com（作家在线）

印　　刷：北京市玖仁伟业印刷有限公司
成品尺寸：145×210
字　　数：177 千
印　　张：9.75
版　　次：2016 年 3 月第 1 版
印　　次：2016 年 3 月第 1 次印刷
ISBN 978-7-5063-8710-1
定　　价：39.00 元